Née à Cayenne en Guyane, Christiane Taubira a été députée de 1993 à 2012, puis garde des Sceaux, ministre de la Justice de 2012 à 2016. Durant son mandat de députée elle a été rapporteuse de la loi du 21 mai 2001 tendant à la reconnaissance de la traite et de l'esclavage en tant que crime contre l'humanité, dite loi Taubira. Elle est l'auteure de plusieurs ouvrages dont *Murmures à la jeunesse, Baroque sarabande* ou *Nuit d'épine*.

Christiane Taubira

NOUS HABITONS LA TERRE

Éditions Philippe Rey

TEXTE INTÉGRAL

ISBN 978-2-7578-8461-4
(ISBN 978-2-84876-611-9, 1re publication)

« Deux ans passèrent… la peuplade
Erre toujours sur les chemins.
Hôtes bienvenus, les nomades
Reçoivent un accueil humain[1]… »

Alexandre Pouchkine,
« Les Tsiganes »

Il était un monde.

Plein de fracas. Un monde réputé en paix. Où cependant, en certains endroits, autour des frontières et parfois dedans les frontières, la guerre fait rage. Des personnes, par dizaines, par centaines, tombent chaque jour. Ce sont des enfants qui parfois d'ailleurs jouent à la guerre dans les décombres, ne connaissant d'autre jeu, ou sont cloués à jamais sur un banc, ou figés dans la cour d'école juste après le sifflement d'une bombe. Ce sont des femmes qui s'obstinent à accomplir des gestes quotidiens, comme pour ne pas mourir avant leur mort. Elles ont retrouvé l'usage du khôl naturel pour assombrir leurs paupières, gardent à portée de main un fond de bâton de fard à lèvres, combinent les pigments en des teintes inattendues, par défi à elles-mêmes, comme pour glorifier la puissance de l'instant, choisir le souvenir qui restera de cette apocalypse et célébrer la beauté qui leur survivra. Ce sont des hommes robustes ou affaiblis, qui sont encore là parce qu'ils se battent ou parce qu'il ne rime à rien d'essayer d'aller ailleurs, n'étant bienvenus nulle part… ou presque. C'est une géographie de l'épouvante. Une litanie de l'horreur. Une accoutumance à l'ignominie. Une impuissance devenue à peine agaçante. Les causes supputées de ces conflits sont si étranges et si mouvantes qu'ils en deviennent irréels. On a parfois perdu le souvenir même des motifs de belligérance. Les prétextes qui ont produit les éruptions les plus violentes et les plus longues se lovent dans d'immémoriales querelles ethniques ou d'archaïques rivalités religieuses, explosives lorsqu'elles se cumulent, de ce que nous enseigne l'Histoire. Souterrains à ces querelles qui semblent d'un autre âge, se dissimulent des enjeux bien actuels visant le contrôle de territoires, l'expropriation et l'appropriation de terres, l'accès à l'eau douce, l'ouverture sur la mer, la propriété ou l'exploitation de minerais précieux, de sources d'énergie, de métaux pour les nouvelles industries voraces.

Il arrive qu'un soulèvement populaire qui se réclame simplement de la démocratie, instituée sésame des libertés et de la justice, provoque l'ire et le délire d'un tout-puissant. Ces lieux sont la voie sans issue de la diplomatie, l'aire de confrontation délocalisée des gladiateurs de l'hégémonie, ils deviennent la scène où se mesurent d'étourdissantes puissances de feu. On les appelle d'ailleurs théâtres d'opérations. Les crépitements, les vrombissements, les déflagrations, les silences angoissants sont la seule permanence, et l'irréfutable preuve, du désordre général. Ce sont des endroits où l'on ne se plaint même plus. Ce sont des lieux de guerre. Ils sont au Moyen-Orient, au Levant, en Afrique, en Asie, un petit peu aux Amériques, en Europe aussi.

Dans ces territoires, quelques enclaves paisibles existent encore. Les femmes, les enfants, des hommes s'installent dans des campements de fortune qui, parfois, encadrés par des instances internationales ou des organisations non gouvernementales, deviennent des crypto-villes où des enfants naissent, grandissent, vieillissent presque. Il arrive que des campements se mettent à résonner de cris et d'accablement, sur le ton aigu ou sourd des femmes victimes de viols perpétrés en crimes de guerre. Des enfants sont volés pour être enrôlés comme junkies-soldats. Ils sont souvent violés, filles et garçons. Cette détresse qui se dilate loin de nous rappelle que le plus grand nombre de personnes déplacées de leur lieu de vie se trouvent dans d'autres parties de leur propre pays ou dans les pays voisins. Les pays du Sud sont les premières destinations de ces déshérités pris dans le tourbillon des passions destructrices, humaines, si humaines, trop humaines.

Et puis il y a ces lieux qui paraissent hors du monde, tant s'y écoule une vie lisse, sans pics ni creux, loin des tumultes, menaces et revendications. Ce sont des havres de paix qui accueillent ceux qui ont les moyens de s'y rendre pour se détendre. Dans ces abris de carte postale, des oasis de luxe ou de délassement offrent à leurs clients triés sur le volet, socialement et culturellement endogames, les faveurs d'une immersion tranquille dans des milieux préservés. Savourant ces parenthèses douces et harmonieuses qui donnent à contempler des paysages naturels, à entendre des bruits clairs comme la stridence des criquets pèlerins, le chuintement du margouillat et même le chuchotement du vent, ces chanceux se laissent glisser voluptueusement dans la sérénité en se coulant sous la danse des vagues, on entendrait presque la *Pastorale* de Beethoven. S'y déroulent des jours sans relief scandés par le terne ouvrage de chaque instant, une irrémédiable routine pour ceux qui y vivent, ou plutôt y triment. Ces contrées sont de plus en plus rares. Du moins pour ce qui concerne cette partie du monde qui vit sous les yeux du monde. Il arrive d'ailleurs qu'à une poignée de kilomètres à vol d'oiseau, et dans le même fuseau horaire, s'entassent dans un bidonville au nom poétique ou ironique, ou s'agglutinent dans une ville abandonnée des cieux, des pauvres, très pauvres, dont la seule fortune est la chance d'avoir encore un ou quelques organes sains. Ils sont l'aubaine des trafiquants qui les paient à l'aumône. Juteux et nauséeux commerce.

Et puis encore il y a tous ces pays, de plus en plus nombreux, exposés à un entre-deux sans guerre ni paix. Il nous en vient, à intervalles irréguliers, l'annonce d'attentats déjoués ou aboutis, ponctuée du douloureux et récurrent recensement qui révèle le nombre, sans forcément la liste, des personnes fauchées par surprise, par traîtrise et sans griefs. Des chiffres. Tout va si vite. Et se répète. Les chiffres s'imposent. Les noms requièrent du temps et attendent du recueillement. Or, le temps manque.

Si c'est une guerre au singulier, elle est mondiale. Diffractée. Pas un seul front ni des fronts circonscrits sur une partie d'un continent, mais des foyers disséminés, ici et là, au Sud d'abord et à l'est du Sud, au Nord-Ouest, à l'est du Nord, avec quelquefois l'air de se relier, s'imiter, se répliquer. Parfois un masque commun, hideux, une même logomachie, une cruauté aveugle et jubilatoire comme héritée de ces dieux capricieux, sanguinaires, immatures des mythologies grecque et romaine, qui macéraient dans la vanité, l'envie, la jalousie, parfois la luxure, souvent l'égoïsme, et qui au moins se nuisaient réciproquement plus souvent qu'ils n'importunaient les humains. Sauf lorsque leurs foucades dressaient massivement les humains les uns contre les autres. Dans l'*Iliade*, Homère fustige ces extravagances meurtrières : « Déesse, chante-nous la colère d'Achille, fils de Pelée, cette colère détestable qui valut aux Achéens d'innombrables malheurs, et jeta dans l'Hadès tant d'âmes valeureuses, livrant les corps aux chiens et aux oiseaux sans nombre, accomplissant ainsi la volonté de Zeus. » Plus fréquemment, les lubies de ces dieux inconstants visaient et frappaient d'autres dieux, des demi-dieux, des rivaux, des surhommes, dans des punitions fantaisistes ou impitoyables, avec parfois, comme pour Prométhée ou Sisyphe, un art consommé de la torture. Il n'était pas si rare qu'un humain leur tînt tête, leur volant l'amour d'une compagne, dérobant leur attribut magique. Il était permis de les défier, il n'était pas exclu de les vaincre. Leurs méfaits relevaient souvent de la légende ou de l'explication surnaturelle de faits naturels. Les femmes n'étaient pas en reste. Les Méduses comme les Érinyes, ces Furies, perpétraient autant de forfaits, Éris, Erzulie Mapyang ou Médée ignoraient la clémence. Mais pour la plupart, elles et ils sont le fruit de l'imagination féconde et cathartique de nombreuses générations, elles et ils ont, en retour, engrossé l'imaginaire de nombreuses autres générations. Les dévastations contemporaines sont commises au nom d'un dieu singulier et singulièrement cumulard des tares et travers de ses ancêtres arbitraires et fantasques. Ce dieu sans miséricorde est indifférent à l'innocence et à l'espièglerie puisque des enfants lui sont sacrifiés en même temps que les adultes les plus drôles, les plus joyeux, les plus distraits, les plus grincheux même, preuve s'il en faut qu'ils étaient bruyamment vivants.

Si c'est une guerre, c'est celle d'un monde qui n'a jamais connu de paix totale, de paix générale, et qui sort de sa torpeur avec effroi, parce que la menace ayant bien rampé, le tumulte s'est approché, le grabuge a pris ses quartiers, non à nos portes mais au mitan de la cour. Ainsi nous est devenu familier, trop familier, un vocabulaire qui pantomime avec l'horreur : rebelles, otages, civils innocents, kamikazes, voitures-béliers, kalachnikovs, armes lourdes, urgence absolue, urgence relative, état de mort clinique, mort cérébrale, tétraplégique, prothèse, un vocabulaire qui n'a vocation qu'à s'infiltrer et par surprise et qui surgit et s'installe. Mossoul, Alep… Un vocabulaire qui en chasse un autre, Kaboul, Tripoli… ou en dissimule, Gaza, Crimée… Il témoigne du rétrécissement de nos en-communs à l'échelle du monde, et de la fixation des colères transformées en furies sans discernement.

Si c'est une guerre, c'est celle déclarée par des forces qui ont choisi, délibérément, car il n'y a là nul malentendu, l'obscurantisme et la férocité comme piliers de leur action d'hommes. Ils n'aspirent les énergies que pour engloutir tout ce qui incite à la joie.

Assurément, ce n'est, du moins dans ces pays de l'entre-deux, ni la guerre ni la paix. Au-dessous des féroces et à côté de quelques idéalistes fourvoyés, gravitent des désorientés, des désaxés, des amochés du quotidien, des furieux pleins de vigueur aussi. Ces reîtres ne sont pas des guerriers. Au mieux, des illuminés, écorchés par des échecs ou des humiliations, tourmentés par des désillusions, écartelés par des failles narcissiques. Et capables de semer la désolation. Mais s'ils s'épanouissent dans ce champ de la vengeance fanatique, aux seuls frais de leur propre vie pour rétribution de leurs crimes, leurs troubles prennent naissance et force dans la déshérence utopique. Ces troubles fleurissent sur le marais des inégalités sociales et des exclusions identitaires, à l'ombre de frustrations issues de discriminations et de rejet, en dépit d'efforts, de mérites et parfois de succès. Ils se rechargent dans l'impression d'une morne agonie sociale et civique, dans ce sentiment d'impasse qu'induit l'injonction d'assimilation dont le siècle écoulé a pourtant démontré qu'elle était chimérique, écrasant à bas bruit et à grands risques les florescences d'identités composites.

« C'est notre regard qui enferme souvent les autres dans leurs plus étroites appartenances, et c'est notre regard aussi qui peut les libérer », assène l'académicien Amin Maalouf[2]. Notre parole aussi, depuis Eschyle nous savons que « la parole apaise la colère[3] ».

Il était un monde.

Plein de mystères. Comment avons-nous pu consentir, par complaisance, indolence ou négligence à cette expansion de la vulgarité ? Elle s'étale, abrupte, dans la parole publique, portée du plus haut sous un quinquennat de grande brutalité, répandue dans le champ politique par l'invective qui fuse aisément, l'injure qui prospère, se déverse impunément par voie médiatique, et jusqu'à ce lieu solennel qu'est l'hémicycle parlementaire. Elle serpente évidemment sur les réseaux sociaux, cette alcôve à tous vents qui fait croire aux lâches qu'ils sont braves et libres. Cette vulgarité cavale à califourchon sur les grossièretés, la diffamation, la calomnie, l'infamie érigées en subversion de salon, de studio, de plateau, de comptoir. Elle se répond et se répand sur la scène internationale. Des exhibitions musculaires, ersatz de nostalgie d'une splendeur révolue, annoncent les provocations frontalières suivies de démonstrations militaires. La toute-puissance s'affiche avec virilité, martialité et tapage. Elle enveloppe dans une auguste posture la violation des règles auxquelles elle a consenti quand elle se sentait en faiblesse. Elle fait cause commune avec tous ceux qui, ici et ailleurs, se croient au-dessus des autres, et s'estiment fondés par immanence ou par croyance en l'immortalité des empires, à envahir, asservir, mépriser, dominer, exclure. L'arrogance tweete, menace, éructe, divague, outrage. Les vulgaires, qu'ils soient tout-puissants, arrogants ou incultes, accros à la force, se congratulent. Les vulgaires de moyenne puissance quant à eux se relaient pour vitupérer et dénoncer quotidiennement l'ostracisme qui les frapperait. Ils manient l'intimidation, se prétendant victimes de censure, bâillonnés pour être empêchés de dire les vérités vraies et crues sur tous ces indésirables déloyaux qui grouillent autour de nous, camouflés sous la nationalité, heureusement faciles à démasquer du fait de leur origine apparente ou de leurs croyances repérables. Heureusement, il traîne tous les jours des micros, y compris dans le service public, qui leur permettent, d'un même mouvement, d'une même lamentation, de proférer ces vérités vraies et d'épandre leurs doléances de bâillonnés volubiles.

Au point qu'il est devenu honteux et coupable d'être correct. Que la pire accusation dont chacun s'empresse de se défendre est d'être « politiquement correct » !!! C'est-à-dire d'affirmer l'égalité entre tous. Comme c'est tout simplement inscrit dans les constitutions démocratiques. De défendre le respect de la dignité humaine. Comme s'y sont engagés les gouvernements signataires de conventions multilatérales. De réprouver les inégalités et les combattre. De répudier l'outrage sexiste. Détecter et poursuivre la bêtise misogyne. Récuser les prétextes aux discriminations. Condamner toute stigmatisation religieuse. Laisser la voix libre aux agnostiques et aux athées. Débusquer le propos raciste. Réfuter les arguties xénophobes. Refuser le règne de l'instinct. Révoquer les tentations illusoires des égoïsmes prétendument protecteurs. Et, résolument, rester très politiques et très corrects. Nous persisterons.

Nous savons ce monde repu de cruauté. Impitoyable envers les faibles. La loi n'est pas la même pour tous, « soit qu'elle punisse, soit qu'elle protège ».

Puissant ou misérable, col blanc ou col bleu, vicieux ou nécessiteux, avec des rivalités implacablement inspirées et entretenues, s'adonner aux transgressions, aux délinquances et aux criminalités peut ne pas relever des mêmes lois. Ceux qui régissent ce monde se montrent dangereusement insoucieux du ressentiment qu'ils plantent dans les cœurs, ici et là. Soûl d'ignorance conquérante, d'irresponsabilité arrogante, brandissant sans cesse la règle de droit tout en fonctionnant sur la force, ce monde organise lui-même les périls et les désastres qui le frappent, aveuglément. Ceux qui s'y emploient sont moins exposés que d'autres.

Les tambours rouleront et d'autres barbares viendront.
Barbares qui combleront le vide des villes, un peu plus haut que la mer, plus forts que le glaive à l'heure de la démence.
En quoi cela nous concerne-t-il ? En quoi nos enfants seraient-ils concernés par cette lignée de débauche ?
Homère naîtra-t-il après nous... Et les épopées ouvriront-elles leurs portes à tous[4] *?*

Mahmoud Darwich

Il était un monde. Plein de promesses.

Malgré les vociférations et les oracles catastrophistes des opportunistes et des parasites qui se livrent à un vis-à-vis dépravé. Le monde a déjà connu ces grondements de furie, cette haine rugissante, cette détestation jubilatoire, ce contentement boueux, rageur, ce consentement à l'injustice qui enlaidit l'âme, le regard et le sommeil. Le monde a déjà craqué de cette animosité tentaculaire, de cette intolérance à la différence, de ce nationalisme écumeux, de cette allergie aux diversités, de cette exhibition de l'ignorance repue, imbue d'elle-même, de cet érotisme démonstratif dans l'exclusion, de ce lynchage verbal, de cette transe dans la menace d'anéantissement de l'Autre parce que Autre.

Parce que le monde a déjà traversé de semblables marécages, nous traverserons cette nouvelle épreuve, nous atteindrons une autre rive où, au moins pour un temps, le même monde se fera plus juste, plus vigilant, plus fraternel. Non qu'il s'agisse d'un cycle, obéissant à une vision mécanique comme celle qui réédite les inépuisables frayeurs millénaristes d'invasions barbares et de grands remplacements. Il s'agit de la combativité de celles et ceux qui ne renoncent jamais à façonner la vie, à se charger du monde, à inventer l'avenir. Ils savent, nous savons que nos lendemains ne sont pas écrits, que le présent peut se vautrer en trompe-l'œil dans d'inusables clichés et que toujours perdure la tentation décrite par Hobbes de la guerre de tous contre tous, *bellum omnium contra omnes*, avec cependant une incapacité cruciale à concevoir comment sortir du dilemme entre crainte et guerre. Le repli sur soi, l'appel halluciné à la fermeture des frontières tandis que le commerce, y compris celui de la force de travail, des corps, des fluides et des organes, gagne sans encombre la planète entière, signent le désarroi et déjà la défaite. La prédation s'étend, la puissance financière, insaisissable mais active, supplante toutes les puissances publiques, quand elle ne les pervertit pas.

Et c'est ainsi que, dans cette béance laissée vacante par les pouvoirs séculiers, la parole d'autorité qui s'élève avec le plus de crédibilité est celle-ci, ointe de sa sainteté terrestre, qui ose encore, sans trop de vaines circonlocutions, rappeler que face à ce marché envahissant et cannibale, un choix de fraternité et de solidarité reste possible, quitte à les nommer charité. Cette parole est parfois la seule claire, même s'il advient qu'elle se rétracte, comme effrayée par sa propre audace ou morigénée par un entourage moins disposé aux désintéressements prêchés par les saintes écritures. Les prêtres qui ont montré le souci des pauvres, qui à travers la théologie de la libération ont couru le risque d'être fidèles au message de l'Évangile plutôt qu'aux abandons spirituels de l'Église instaurée comme pouvoir temporel, ces prêtres-là, les archevêques Dom Helder Camara et Oscar Romero, les abbés Gustavo Guttiérrez, Leonardo Boff, Rubem Alves et d'autres ont appliqué à la lettre la doctrine de la foi. Le pape Jean-Paul II lui-même n'y fut pas complètement insensible. Daniel Viglietti chante encore le martyre de Camilo Torres *quien muere para vivir*. Victor Jara nous en avait déjà gratifiés au temps de Salvador Allende.

Nous savons, nous, que tout ce qui survient et nous submerge et nous déroute est acte d'hommes, sans divination ni fatalité. Nous choisissons de ne pas y consentir. Ce n'est pas dans un paradis différé et monnayé à coups d'écrouelles, de repentirs, de jeûnes, d'abstinence et de perspectives de luxure, ni dans « une alcôve au milieu d'almées au pubis rasé et d'eunuques hilares[5] » que se vit la vie. C'est dans l'instant que se forge le refus, que se pétrit la volonté de ne pas subir.

C'est à la fois le devoir et le goût d'être qu'il faut servir. Déjà, Héraclite d'Éphèse enseignait, cinq cents ans avant l'ère chrétienne, que « l'univers est une lutte, la justice un conflit, que tout le devenir est déterminé par la discorde[6] ». Le champ est large pour la discorde. On ne peut croire à une vie sociale sans divergence d'intérêt, et sans antagonismes. Sans luttes.

« Il y a lutte des classes, certes, mais c'est ma classe, celle des riches qui livre bataille et est en train de gagner », affirmait le multimilliardaire Warren Buffett en 2005. Une indiscutable illustration de ce propos, franc et impudent, nous est donnée au quotidien, dans la plus ordinaire banalité : ne nous sommes-nous pas accoutumés à ce que même les radios les plus généralistes nous abreuvent chaque jour d'informations sur la Bourse ? Qui ignore ne serait-ce que l'existence du Dow Jones, du CAC 40, de l'indice Nikkei ? Tout grand journal qui se respecte consacre quelques pages aux investissements, aux placements, aux niches fiscales, disserte savamment de la pierre, des valeurs mobilières, des valeurs refuge. Ces informations boursières ne sont intelligibles qu'à une infime minorité d'entre nous, même s'il est vrai qu'elles agissent sur nos vies via les dividendes, les délocalisations, les pressions à la productivité, la détérioration de services publics, les sacrifices, les suicides, voire même par l'esprit boursicoteur, les bricolages d'optimisation fiscale, une mentalité individualiste... Ainsi va l'actualité chaque jour, chaque semaine.

A contrario, où peut-on trouver un tel partage universel, assidu, pugnace et placide des œuvres culturelles, littéraires, artistiques, des savoirs scientifiques ? Nous demeurons et laissons nos jeunes largement ignorants des belles œuvres qui élèvent l'esprit et les désirs, alors que nous disposons d'un patrimoine culturel mondial commun fait de circularité, d'effleurements, de tangences, de côtoiements, de coudoiements, de dialogues entre les sciences sociales et les arts, d'échos entre les rituels mystiques et des peintures d'un continent à l'autre, de réverbération entre sculpture et anthropologie, d'entrelacements de l'architecture à la philosophie, de ces échappées de la musique vers la littérature. En témoignent. L'influence des figurations africaines sur le mouvement pictural cubiste, en particulier dans les tableaux de Picasso et Braque, et l'appétence de Frobenius, Rouch, Herskovits, Leiris, Meillassoux, Bastide, Malinowski, Coquery-Vidrovitch pour l'ailleurs et l'ici. Ces conversations entre la poésie d'Apollinaire et les sculptures de Brancusi, celles de Zadkine. Ces résonances entre les gracieuses lignes de Wifredo Lam et les épures de Natalia Gontcharova. Ces premières audaces de Matisse à Malevitch, l'intuition de Chtchoukine, la curiosité d'Aragon. Plus loin plus proches, des personnages éclatants de Mir Sayyid Ali illustrant les poèmes de Ganjavi louchent avec les traces retrouvées en Mitteleuropa du symbolisme perse de Mihr Ali de l'époque qadjar. Cette traversée des esprits continue de courir du subtil hédonisme d'Omar Khayyam à la prescience d'Augustin d'Hippone sur les langues et les mots. Elle transporte les univers d'Ibn Bâjja, carrefour musical à lui seul, pour qu'il fréquente le rayonnement de Lubna de Córdoba, et jusqu'aux enseignements d'Averroès le Commentateur, apaisant dans son précieux rôle de passeur. Les indigos de Henry Ossawa Tanner sont léchés par ceux de Chagall. Les dessins de John Sloan projettent comme en reflet les vigoureuses sommations proférées par Émile Zola. Les images sans mots du *Cuirassé Potemkine*, l'escalier d'Odessa qui s'est incrusté dans nos paysages mentaux, chantent une odyssée de courage et de justice sociale magnifiée par Jean Ferrat. Le voyage se poursuit dans ces intersections sous-marines entre Le Corbusier et Fathy, Tatline et Niemeyer. Quant à la tessiture inopinée de la poterie de David Drake, elle glace les photos de Lorna Simpson, strie les sculptures de Barbara Chase-Riboud, toutes portées par le souffle d'allégresse des chansons de Ray Charles, gospels détournés en élans de joie et d'amour profanes, déconcertante disposition à la félicité ayant germé sur le bourbier de l'esclavage et du racisme. Ces conciliabules voguent d'un hémisphère à l'autre, en promenades disertes de la Russie aux Caraïbes, de Tombouctou à Paris, de Ouidah à Budapest. Ils se posent parfois, telles ces merveilles dont la dernière résidence est au musée de l'Ermitage à Saint-Pétersbourg, au musée Pouchkine à Moscou, au Met à New York, au Penn ou même au musée de Bâle qui s'enorgueillit de quelques Picasso.

On aurait tort de croire que la débauche de précisions financières et spéculatives martelées au quotidien répond ou correspond à un besoin, voire à une addiction. La demande est créée, inventée, elle n'est même pas suscitée, peu importe qu'elle n'éclose pas, elle n'est pas requise, l'offre s'installe, rend naturelle et même centrale une activité marginale, c'est cela l'hégémonie culturelle décrite par Gramsci. Nulle nécessité d'en revenir à ce qui paraissait dénonciation d'un autre âge, c'était presque durant les mêmes années, Nicolás Guillén et ses Usuriers.

Monstres ornithomorphes
Dans leurs immenses cages noires
les Usuriers.
Voici le Huppé Blanc (Grand Usurier Royal)
et l'Usurier-Vautour, oiseau des grandes plaines,
voici la Torpille Vulgaire avalant ses enfants,
et la Dague-Rageuse à la traîne cendrée
qui mange ses parents,
et le Vampire Cormoran,
suceur de sang qui vogue sur la mer.

Dans cette oisiveté forcée
De leurs énormes cages noires,
les usuriers comptent, comptent leurs plumes
et se les prêtent à intérêt[7].

Un étrange sentiment de candeur…

Cette domination par les canaux officiels fait fi du désir de beau et d'insolite. Elle ignore l'appétence pour les choses culturelles, artistiques, énigmatiques, telle que pourtant celle-ci se révèle avec constance dans l'enfièvrement qui se répand dès l'annonce d'une découverte, une fresque païenne dans une grotte, une peinture rupestre figurant la Nativité trois mille ans avant la naissance du Christ, un squelette antérieur à Lucy, une pierre inconnue sur l'Aconcagua, une exposition dite universelle, qu'elle soit limpide ou équivoque, une invention scientifique, un edelweiss moiré, un exploit dans l'espace, un inédit de Michel-Ange, un batracien d'Amazonie, une découverte sur l'âge de la Terre au Groenland, un lémurien d'Annam, une trouvaille dans la mer…

Et ce n'est pas faute d'être pourvus de canaux pour connaître de ces entrelacements et pour les regarder foisonner. Écoles de pensée, courants littéraires, expériences artistiques, partages scientifiques, convergences politiques, république des lettres, le matériau est dense pour saisir le monde en ces multiples diffractions autant qu'en ses entêtées harmonies, fussent-elles fortuites. Elle est là, la matière qui peut conduire à éviter la géopolitique de pacotille, hasardeuse, pathétique et périlleuse, commandée par d'évanescents souvenirs de manuels scolaires datés qui exotisent la Russie, la

Chine, l'Iran, la Turquie, la Libye, le Proche-Orient et le Levant dans une alchimie de fascination-répulsion où tout se confond, de la Mésopotamie à l'Empire ottoman, de la Perse au couchant, des tsars aux pachas. Cette confusion nous soumet au danger des contentieux et des rancœurs. La tyrannie de l'instantané vient encore l'aggraver.

Il nous reste à réapprendre à faire monde. Ou à apprendre à refaire monde. André Malraux assurait : « L'art, c'est le plus court chemin de l'homme à l'homme[8]. » Définitivement, les arts et toutes les expressions de la beauté, du doute, de l'inachevé sont les chemins les plus lumineux de l'altérité.

Voilà pourquoi, malgré ses fracas, ses mystères et ses verrues, ce monde est plein de promesses.

C’est un mot facétieux. Il nous est devenu familier. Il vagabonde sur pointe de langue, contre les dents. Directement propulsé depuis la glotte. L’air joyeux ! Suggérant une espèce d’intermède, un entracte, comme un temps en suspens nécessaire pour mesurer le bonheur d’avant et apprécier son retour dès la reprise. La crise. Elle est en train de devenir le compagnon le plus constant d’une pleine génération. Trente ans quand même qu’elle sévit. Elle était déjà là, embusquée au « tournant de la rigueur » en l’an de disgrâce 1983. La fin de la fête. Et de l’illusion que le Front populaire était de retour. Il faut convenir qu’elle s’est éclipsée quelque temps. Sous l’effet de quelques choix prométhéens en matière de justice sociale, comme la cinquième semaine de congés payés, les trente-neuf heures hebdomadaires, ou le programme de nationalisation de banques, compagnies financières et groupes industriels. Elle a dû s'incliner aussi sous les auspices de la parole désembrigadée livrée par les radios désormais libres. Elle s'est retenue un temps, comme gênée, à l'ombre de ces libertés nouvelles renforçant l'autonomie des femmes par une belle campagne sur la contraception, le remboursement de l'interruption volontaire de grossesse, la loi instaurant l'égalité femmes-hommes dans l'entreprise, et les autres lois Roudy. Elle s'est parfois simplement retirée, sous l'effet d'une politique keynésienne de grands travaux, la pyramide du Louvre, le site de la Bibliothèque nationale à Tolbiac ou le tunnel sous la Manche. Cependant, subtile et ductile, elle n'a cessé de s'insinuer, dans la parole publique, puis dans la pensée privée. Elle a connu une nouvelle vigueur en 2008. Elle présente un avantage considérable : elle suggère la fatalité. Crise des subprimes, titrisation, bulle immobilière. Des mots distants et hautains. Ésotériques. Le mystère. La faute à personne ! Absous les spéculateurs approximatifs. Ignorés les prédateurs implacables. Préservés les actionnaires gloutons. Cajolés les banquiers imprudents. Plaints quand même un peu les emprunteurs laborieux qui, comme la grenouille du bœuf de La Fontaine, ont voulu devenir propriétaires.

La crise. Un mot facétieux, aux effets magiques. Pour certains…

Ainsi tout est crise. L'intempérance des agioteurs, crise financière. Les stratégies cyniques sur hedge funds, crise obligataire. La valse des rachats de prêts, crise immobilière. Les jeux boursiers sur denrées agricoles, crise alimentaire. Les escroqueries dans l'élevage et l'abattage, crise sanitaire. La convoitise des actionnaires qui délocalisent, crise économique. La surexploitation des ressources naturelles, crise écologique. Les dégraissages pour accroître les dividendes, crise sociale. Les cadeaux fiscaux aux nantis, crise budgétaire. La capitulation idéologique, crise sociale-démocrate. Les démagogies pour enrager les pauvres, crise morale.

Par la prestidigitation du verbe, en l'occurrence un substantif creux, il n'existe plus ni avidité, ni cupidité, ni amoralité, ni spéculation, ni divergence d'intérêt, ni antagonismes de classe, ni conflictualité démocratique. Juste la crise. Au singulier. Et, pour le plus grand nombre, le devoir de faire des efforts et de consentir à des sacrifices, surtout si l'on n'a pris aucune part à la banqueroute.

En matière médicale, la crise est le moment paroxystique. C'est un temps exceptionnel. Qui requiert un traitement d'exception. Souvent brutal. Qualifier de crise une longue période de dérèglements entraîne et justifie l'enchaînement de mesures dérogatoires au droit commun, aux règles habituelles, aux équilibres, aux compromis, aux contraintes établies. L'exception qui dure.

Et si la crise était un mode structurel de fonctionnement d'une économie organisée pour la tension ? Et s'il y avait une permanence ou une récurrence de la crise, mécaniquement induite mais délibérément mise en exergue, pour permettre de gouverner en paix publique et paix sociale malgré des mesures économiques, budgétaires, sociales, culturelles restrictives ou régressives ? Faut-il s'y résoudre ou la contrer ? D'ailleurs, déjà, le Front populaire ! S'adressant aux députés au lendemain du suffrage ayant porté aux responsabilités la gauche unie, Léon Blum traduit la claire majorité obtenue comme « la résolution du peuple français de rechercher dans des voies nouvelles les remèdes à la crise qui l'accable[9] ». Au moins démontre-t-il immédiatement sa volonté d'agir, vite et bien, par toute une série de mesures de justice sociale, la semaine de quarante heures, les contrats collectifs qui deviendront les conventions collectives, les congés payés, et des mesures pour tonifier l'économie, un « plan de grands travaux, c'est-à-dire d'outillage économique, d'équipement sanitaire, scientifique, sportif et touristique ». Il annonce la nationalisation de la fabrication des armes de guerre, la réforme du statut de la Banque de France. Et… la prolongation de la scolarité !

Quant à Franklin Delano Roosevelt, quelques années plus tôt il a rapidement tranché, quant à savoir si le pouvoir était politique ou financier. Ses décisions d'investissement, ses mesures économiques, fiscales et budgétaires, financières et bancaires, sociales, culturelles ont signé le retour du Politique. Malgré un milieu financier renâclant avec véhémence.

À y regarder de près, depuis plus d'un siècle, tous les grands hommes politiques, en France et ailleurs, ont parlé de crise, et pour certains écrit sur la crise ! Parce qu'ils étaient aux prises avec elle. Quant aux économistes, ils ont émis profusion d'analyses, qu'ils l'aient pensée structurellement liée à la nature du capitalisme et au mode d'accumulation du capital comme

Marx ; aux conditions matérielles de travail mais emportée par le basculement de l'hégémonie culturelle comme Gramsci ; provoquée par la baisse persistante de la consommation des biens durables comme Keynes ; par la perturbation des systèmes monétaire et bancaire comme Friedman ; par les antagonismes dans le monde du travail comme Adam Smith ; par l'aggravation de l'inégale répartition des ressources comme John Kenneth Galbraith. Ces analyses nous viennent d'Allemagne, de Grande-Bretagne, d'Italie, des États-Unis, du Canada, là où la domination économique a imposé son vocabulaire issu du mode de pensée qui a fabriqué ces mots : crise, krach, bulle.

Une si courte mémoire !

Les émeutes de la faim des premiers mois de l'année 2008, dans une centaine de villes d'une quarantaine de pays sur les six continents, ne nous ont rien enseigné. Leurs slogans, éloquents, « la faim justifie les moyens », « persécutés par la faim »... ont dû sonner exotiques à nos oreilles distraites. Cette désespérance a dû nous apparaître endémique, eu égard aux lieux d'où elle explosait : l'Afrique, l'Amérique du Sud, le sud de l'Amérique du Nord, l'Asie du Sud, l'Europe de l'Est, l'Océanie micro-insulaire. La misère et les malheurs au Sud s'inscrivent dans un schéma qui nous est devenu coutumier, au moins depuis les représentations forgées par l'univers physique, mental, doctrinal des empires coloniaux. La déshérence à l'est relève aussi d'un archétype, du moins depuis l'éclatement de l'empire soviétique. Nous savions pourtant les sources du fléau : des cultures de rente ayant asphyxié l'agriculture vivrière ; nous en connaissions le moteur : les hedge funds y avaient œuvré ; nous en percevions la nature : de grandes banques et des compagnies d'assurances américaines et européennes conçurent une campagne publicitaire invitant leurs clients à prospérer sur la détresse des peuples en plaçant leur argent dans des portefeuilles de denrées alimentaires, au motif que « les changements alimentaires, la pénurie d'eau et de terres agricoles exploitables constituent une opportunité » (*sic*). C'est une résolution du Parlement européen, à l'initiative de députés socialistes belges, qui mit fin à cette campagne de promotion d'instruments financiers indexés sur la progression de la misère. Des suicides avaient déjà eu lieu. Celui, spectaculaire, du cultivateur sud-coréen Lee Kyung-Hae, président de la Fédération des fermiers et pêcheurs de son pays, qui s'est poignardé devant les caméras du monde entier le

10 septembre 2003, juste avant l'ouverture de la session interministérielle de l'Organisation mondiale du commerce à Cancún. Celui, plus discret mais non moins choquant, de cent mille paysans indiens surendettés qui se sont donné la mort entre 2000 et 2006. Pour l'essentiel, tout cela parut bien lointain, voire insaisissable. Comme semblaient lointains, dans le temps et l'espace, les programmes d'ajustement structurel infligés par le Fonds monétaire international et la Banque mondiale aux pays du Sud dans les décennies 70 et 80.

Et personne ne vit que les drames approchaient en rampant ni que l'Europe connaîtrait aussi cette désespérance. En France, depuis 2010, les suicides de fermiers surendettés se comptent par centaines. Les programmes européens d'austérité des décennies 2000 et 2010 ne sont qu'une réplique de ces programmes d'ajustement structurel, à peine adaptée à des pays où la société civile est un peu plus organisée, donc la contestation plus probable. Cette contestation, y compris lorsqu'elle se formalise par des votes démocratiques, ne suffit même pas à protéger les plus faibles contre la brutalité des dogmes budgétaires. La Grèce continue d'en faire la douloureuse expérience. Elle devient le paradigme de l'abîme qui s'installe subrepticement entre une souveraineté politique de façade, bien qu'assise sur le suffrage universel, et une oppression technocratique qui se déguise en règles consenties. Cette domination n'en est pas moins impitoyable. Et illégitime. Les remous, en Grèce, en Espagne, aux États-Unis, en France et ailleurs suggèrent que cette violence contre les pauvres et les classes moyennes ne s'accomplit pas sans riposte. La contestation bruisse et éclate dans les rues, sur les places publiques, dans les parcs, et dans les arts. Comme souvent.

On pourrait voir ce foisonnement, cette mystification, cette oppression, la résistance aussi, la vibrante sensualité du combat pour une vie digne, figurés et transfigurés dans un étourdissant tableau de Wifredo Lam, *La Jungla*, dont le peintre cubain nous prévient que « le ciseau d'Ogun est un symbole de libération et les courbes d'Osaim un symbole de transformation[10] ». C'est l'œuvre d'un artiste qui porte en lui l'imprévisible créativité des Caraïbes où se sont percutés les captifs et les maîtres, les souffrances et les arrogances, où ont fini par s'étreindre les langues et les imaginaires. Elle témoigne d'une sensibilité aux anxiétés et aux luttes, de l'effervescence des cultures qui savent encore se frotter aux autres. C'est la repartie d'un homme qui a perçu comme peut être impavide et paisible la domination, lorsqu'elle installe son bon droit sur un ordre injuste, cruel mais irréfutable.

Crise ! La magie opère encore. Pour certains. Mais puisqu'elle ne profite pas au plus grand nombre, pourquoi participer à la supercherie ? Par superstition ? Aurions-nous peur de tous devenir sourds au bruit que feraient les puissants en tombant ? Saint-Just assenait que les « malheureux sont les puissances de la terre [et qu']ils ont le droit de parler en maîtres aux gouvernements qui les négligent[11] ». Peut-être que la réputation de Saint-Just est trop sulfureuse pour rendre acceptable cette maxime. Rabattons-nous alors sur Shakespeare qui, bien avant, deux siècles plus tôt, affirmait que « si nous vivons, nous vivons pour marcher sur la tête des puissants... Car les puissants ne vivent que pour marcher sur nos vies[12] ».

Superstition ou fatalisme, la raison reste meilleure conseillère. Que dicte-t-elle ? D'abord de ne pas être dupe de la ruse des mots. Si séduisants soient-ils, lénifiants, familiers.

« Deux excès » à éviter, signalait Blaise Pascal : « exclure la raison, n'admettre que la raison[13] ». Soit. Nous consentons, en toutes choses, à la part de l'intuition, des sentiments, de la passion, de la spiritualité, et même de la fantaisie. Mais nous convoquons la raison, pour ce qu'elle apporte de distance et de sang-froid face aux faits, pour ce qu'elle octroie en liberté d'analyse et en autonomie d'opinion.

Et d'abord, opposons. Au retour de Jean-Baptiste Say, de la loi de l'offre et de la demande, du totem du marché qui s'autorégule ; à la vénération de la déréglementation ; à la fable selon laquelle l'action syndicale et le refus de la baisse des salaires seraient des rigidités nuisibles à la compétitivité ; à la vision rétrograde d'un monde où la personne n'est plus que sa force de travail ; aux fausses équivalences entre le progrès et la propagation des inégalités, opposons une double exigence : nous voulons re-civiliser l'économie. En clair, la remettre au service de la société civile, la rendre civique, citoyenne même, la considérer comme une partie de la vie, mais pas toute la vie. Nous voulons re-politiser l'économie. En clair, rétablir l'économie politique en énonçant explicitement des objectifs, à tous les niveaux où le profit et un régime de prébendes se sont infiltrés et donnent le *la*. À l'échelle du monde, il nous faut cesser de louvoyer avec les principes qui servent d'armature aux conventions multilatérales, cesser de céder à la loi du plus fort, du plus rusé ou du plus cynique. À l'échelle de l'Union européenne, nous devrons reformuler un projet dont la finalité ne soit pas une rivalité sauvage travestie en concurrence libre et non faussée, mais une ambition de justice sociale, de bien-être des citoyens, de dialogue culturel, de préservation des écosystèmes ; cela revient à concevoir un dessein politique qui soit assorti à l'idéal humaniste. À l'échelle de la nation, c'est en renouvelant le contrat social, en revigorant les institutions, en élucidant le pacte républicain brouillé par des préemptions tonitruantes, en assumant l'existence d'antagonismes dans les intérêts économiques, et en clarifiant les règles de résolution démocratique des conflits, inévitables dans une société plurielle, c'est ainsi que nous recréerons du liant et renforcerons le lien social. Les ressources pour ce faire sont là, elles trépignent. Elles vrombissent dans ces intelligences, ces énergies, ces capacités créatrices, ces volontés, trop longtemps déjà bridées par les dogmes.

Mr Backlash I'm gonna leave you
With the backlash blues[14].

Langston Hughes et Nina Simone

Les mots, justement.

Au cours de sa première campagne présidentielle, en février 2008, Barack Obama tint au Wisconsin un discours maîtrisé mais courroucé contre sa concurrente qui lui reprochait d'utiliser des mots, beaux, mais qui n'allaient pas résoudre les problèmes des États-Unis. Parmi ces mots vilipendés : faire renaître l'espoir, *force hope.*

« *Don't tell me words don't matter !* » répétait-il en contenant son agacement entre deux argumentations.

« I have a dream », just words…
« All men are created equal », just words…
« We have nothing to fear but fear itself », just words…

Puis, convenant que les discours ne suffisent pas à résoudre tous les problèmes, il rétablit dans leur mission intrinsèque les mots et leur puissance : redonner sens et saveur à la politique, indiquer le chemin choisi, sceller le pacte avec les citoyens. Il cite deux exemples, JFK et MLK. Pour exemple ironique, John Fitzgerald Kennedy regardant la lune et qui aurait pu dire : « *That's too far, we can't go.* » Pour exemple poignant, Martin Luther King au Lincoln Memorial disant, peut-on seulement l'imaginer, à cette immense assistance assoiffée d'espoir : « *Go home everybody, the dream is deferred.* » Il aurait pu poursuivre avec les mots de Langston Hughes :

What happens to a dream deferred?
Does it dry up
Like a raisin in the sun?
Or fester like a sore–
And then run?
Does it stink like rotten meat?
Or crust and sugar over–
Like a syrupy sweet?
Maybe it just sags
Like a heavy load.
Or does it explode[15] *?*

Oui, comment faire subsister l'esprit du contrat social, sans les mots qui le revigorent ? Comment le rendre recevable dans nos sociétés de plus en plus catégorielles, dramatiquement individualistes, voire ostensiblement égoïstes, sans réactiver sa légitimité par les mots qui en dessinent le dessein et le renouvellent ? Et pas n'importe quels mots ! À notre insu, certains sont devenus si loquaces que leur sens va de soi. Or, les mots voyagent en grand arroi. Il vaut mieux se méfier en particulier de ceux qui s'imposent, astucieusement, comme neutres ou évidents. Des philologues, bien sûr, mais des philosophes et des penseurs de la politique ont montré, dans des styles différents, avec une inégale vivacité, comment les mots peuvent être trompeurs. Wilhelm von Humboldt définit le langage non comme un « ouvrage » mais comme une « activité[16] », il lui accorde ainsi une fonction où le sujet prédomine sur l'objet. C'est vraisemblablement ce qu'entend Pierre Bourdieu qui voit dans le langage l'expression de rapports de force, et relie l'autorité de ce qui est dit au statut social du locuteur. Aussi, lorsqu'ils parviennent à nous tromper, les mots ne font que témoigner d'une victoire remportée sur le champ des idées, des intentions et des projets avant de l'être sur le terrain sémantique. L'enchaînement peut être inverse, selon Sigmund Freud qui affirmait que si on cède sur les mots on finit par céder sur la chose. C'était à propos de la libido, d'Éros et de la sexualité. Il réfutait l'usage d'érotique à la place de sexuel, car il ne s'agit ni de la même chose, ni surtout du même rapport à la chose. Soit. Et vrai. Cependant, un examen minutieux de plusieurs abandons montre que le recul sur les mots est déjà le signe d'une démission, sinon d'une reddition, sur les choses elles-mêmes. N'avoir pas conscience de la lutte ne signifie nullement qu'elle n'a pas lieu.

Ainsi, de la Gauche. D'avoir cédé sur l'humanisme dans le vocabulaire, ne plus s'en réclamer, ne plus s'en inspirer ni dans la parole politique ni dans les programmes électoraux ni dans les controverses doctrinales, ne fait que révéler qu'elle a renoncé à penser la vie sociale ou à percevoir le monde, en première et ultime instance, sur le fondement de notre commune humanité. D'où sa difficulté, voire son incapacité, à raisonner sur un fait aussi contemporain et aussi structurant pour le monde présent et à venir que les déplacements des personnes réfugiées. D'où ses torsions subtilistes pour trier entre ceux qui fuient la guerre et ceux qui fuient la misère. D'où son aveuglement à toute causalité. D'où ses manœuvres dilatoires. D'où sa fermeté martiale et son persiflage, y compris contre toute bienséance diplomatique. D'où son accommodement au désarroi, à la déroute, aux naufrages, aux refoulements. Or, les migrations humaines ne font que recommencer. La paix ne sera pas conclue de sitôt dans ces zones où les conflits se sont aggravés, éternisés, sous l'œil passif ou désabusé, parfois complice, des puissants du monde. L'instabilité de larges régions géoculturelles emportera encore longtemps une impossible vie quotidienne. Cette instabilité n'est menacée ni par l'impotence géopolitique ni par l'imprévoyance stratégique de la communauté internationale. S'y ajouteront les conséquences des bouleversements climatiques. D'où l'impérieuse nécessité de penser ces nouvelles circulations. L'Europe devrait savoir, d'expérience guerrière, que lorsque l'humanisme dépérit, le nationalisme se fortifie et claque. Il s'appuie sur un glossaire, tonique et envahissant, qui pare d'une sonorité raisonnable des actes ou des positionnements inqualifiables. Ce glossaire, conçu pour impressionner, cherche à inhiber toute réflexion divergente, évacuer toute notion discordante. En l'occurrence, il s'étire du pragmatisme au sens commun qu'il appelle souvent bon sens, se repaît de cousinage religieux, évoque, en faisant semblant de trembler, les hordes, les flots, l'afflux. Porté par ceux qui font mine de croire le monde binaire, avec un avers, eux et un revers, les autres, il parle de cosmopolitisme sur un ton qui convoque bien toute la charge d'abjection et de rejet que charrie ce mot depuis les années 30. Il parle de religion, refoulant son étymologie sur le lien et la relation, pour la brandir comme le tamis qui doit séparer le grain de la paille. Il parle d'assistanat en lieu et place de la solidarité. Solidarité… une idée, une nécessité, une ambition si belles et si essentielles qu'il leur faut plusieurs contre-mots pour tenter de l'abattre : assistanat, parasitisme, fainéantise, feignantise, tricherie, escroquerie, fraude sociale, détournement. Leur lexique est moins riche pour l'optimisation et l'évasion fiscales, les infractions boursières, les délits d'initiés.

Ce glossaire parle aussi de charges sociales pour nommer les cotisations de solidarité, de plan social pour déguiser des licenciements massifs, de mouvement social dans l'entreprise pour dépouiller la grève de sa puissance évocatrice et combative. Ceux qui concoctent ce vocabulaire d'intimidation assènent. Dogmatisme, accusent-ils contre qui réfléchit et agit à partir de valeurs. Ils radotent. Laxisme, angélisme, rabâchent-ils contre qui refuse de se laisser inhiber et s'oppose à leurs oukases, comme si l'on ne pouvait être aux responsabilités que pour mettre en œuvre leur programme, fût-il désavoué par le vote des citoyens. Ils ânonnent. Culture de l'excuse lorsque l'on refuse de céder à la démagogie simpliste, que l'on considère la complexité des choses, des situations, des personnes, que l'on estime que les faits et leur sens priment les diktats opportunistes et dangereux. Les laisser seuls à dire ou les répéter signe incontestablement une victoire des chantres de l'individualisme et de la loi du plus fort.

Cette victoire concédée est absurde. Car nous connaissons les effets de leurs idées dominantes et dominatrices, de leurs exploits politiques sur l'état du monde : accroissement des désordres, irruption de chaos, propagation des désespérances, et les périls qui en résultent. Cette victoire concédée, c'est une amnésie à l'Histoire, une offrande à la peur, une manne au mépris, une infidélité à ce que nous sommes. Et c'est éminemment pour la Gauche d'abord une défaite culturelle, puisque au-delà de l'impuissance politique ainsi attestée, c'est l'expérience de sa vacuité conceptuelle et de sa nudité éthique qui est aussi rendue. Kant définissait l'éthique comme l'universalité de la solidarité entre les êtres humains. Et selon Simone Weil, « la notion d'obligation prime celle de droit, qui lui est subordonnée et relative. Un droit n'est pas efficace par lui-même, mais seulement par l'obligation à laquelle il correspond ; l'accomplissement effectif d'un droit provient non pas de celui qui le possède, mais des autres hommes qui se reconnaissent obligés à quelque chose envers lui. L'obligation est efficace dès qu'elle est reconnue. Une obligation ne serait-elle reconnue par personne, elle ne perd rien de la plénitude de son être. Un droit qui n'est reconnu par personne n'est pas grand-chose[17] ». Cette solidarité, cette obligation se traduisent par des actes directs. *A fortiori* lorsque nous revient une part dans les malheurs de ceux-là de nos semblables, soit par action, soit par omission. L'impéritie de la communauté internationale, son incurie, sa faible crédibilité, sa pusillanimité, sa douteuse efficacité nous rendent tous coupables au moins par omission, parfois par action. À l'échelle de la responsabilité, le prestige de l'appartenance au

Conseil de sécurité, donc d'une certaine sorte, au gouvernement du monde, accroît cette responsabilité. Prétendre face à la détresse, et convenons-en au courage de celles et ceux qui se jettent sur les routes du monde, qu'il n'y aurait le choix qu'entre un discours et une posture de dureté, au nom de la sécurité et du réalisme d'une part, et d'autre part un angélisme coupable qui ignorerait les risques d'infiltration par des terroristes, revient à nier la complexité des faits et des situations, à sacrifier des centaines de milliers de personnes pour une poignée de criminels, incontestablement destructeurs, mais surtout à s'exonérer des conséquences de l'irrésolution, des défections et au bout du compte de la faillite de ceux qui ont en charge l'action européenne. Et finalement à exposer les citoyens à ces dangers. Car il y a une plus grande responsabilité, et il y faut de la clairvoyance, à réapprendre ensemble comment soupeser les périls, apprivoiser nos peurs, raviver notre vigilance, réagir aux circonstances au lieu de suggérer que la suspicion généralisée et le repli sur soi seraient plus protecteurs.

« La malédiction la plus commune, selon Aimé Césaire, est d'être la dupe de bonne foi d'une hypocrisie collective, habile à mal poser les problèmes pour mieux légitimer les odieuses solutions qu'on leur apporte[18]. »

Il faut lessiver tous ces mots qui nous trompent ou nous anesthésient. Il y a là un devoir et une urgence. « Dans les époques exigeant la tromperie et favorisant l'erreur, le penseur s'efforce de rectifier ce qu'il lit et ce qu'il entend. Phrase après phrase il substitue la vérité à la contre-vérité[19]. » C'est ce que conseillait Bertolt Brecht. Nous devons nous y soumettre, redresser pavillon face à ceux qui, la lèvre tordue, fustigent le prétendu droit-de-l'hommisme. Proclamer que nous sommes attachés au respect de la dignité humaine, que cette exigence, intemporelle, vaut pour tous et pour chacun, singulièrement pour celle, celui qui se trouve en détresse. « Eux, c'est nous » rappelle simplement Daniel Pennac, en nous invitant à « raisonner notre instinct de conservation[20] ». Nul besoin d'un grand effort pour nous souvenir que, de décennie en décennie, tout le long du XXe siècle pour nous en tenir à la mémoire encore accessible, ils sont venus d'ailleurs, nous ont fait peur, sont restés ou sont repartis. Lorsqu'ils sont restés, ils ont élargi notre connaissance, nos savoir-faire, nos manières d'être, notre sensibilité culturelle, notre langue et nos imaginaires, ainsi que notre appartenance au monde. Lorsqu'ils sont repartis, ils nous ont prolongés, libres et bienveillants relais rendant intelligible aux autres, aux leurs, parfois à nous-mêmes, notre rapport à la vie et au monde.

Regardant « ces hommes et ces femmes qui marchent dans la nuit », Laurent Gaudé nous prévient que

> *Lorsqu'ils ouvrent les mains*
> *Ce n'est pas pour supplier,*
> *C'est pour nous offrir*
> *Le rêve d'Europe*
> *Que nous avons oublié*[21].

Les mots qui paraphent ces défaites culturelles et politiques, et signent notre soumission, entretiennent la chimère d'une vie sociale débarrassée du conflit, suggèrent une harmonie au rabais, font croire à un possible consentement aux choses qui ne ferait en réalité que ratifier le dernier mot du plus fort.

Être lucide, rester sur nos gardes, telle est la condition pour ne pas sombrer par crédulité. Wilhelm von Humboldt rappelait que « les mots servent davantage les visions du monde que le monde lui-même[22] ».

C'est par les mots que l'on enchante ou que l'on désoriente. Ce sont les mots qui viennent chercher au tréfonds de nous cette indomptable énergie qui nous propulse dans les belles aventures collectives, lorsque nous retrouvons confiance en nous et que nous renouons avec l'art de rêver ensemble.

C'est par des mots aussi que les parasites de la peur arrosent ces passions tristes qui parfois s'emparent de cœurs et d'esprits déroutés ou mesquins, se délectant soudain des éructations de celles et ceux qui laissent miroiter bonheur et tranquillité au prix de l'indifférence au malheur ou de la haine d'autrui.

Les mots nouveaux sont de vieux mots. Crise. Compétitivité. Progrès technique. Intégration. Assimilation. Consensus. Sacrifices. Terrorisme. Civilisation. Barbarie. Les ficelles sont usées mais tiennent encore. Mise en cause. Mise au ban. La méthode éprouvée est l'intimidation. Cependant, tout n'est pas perdu. Il nous reste d'anciens mots qui sont encore tout neufs et que nous devons réhabiliter. Dialogue. Débat. Diplomatie. Sûreté. Il ne tient qu'à nous de réapprendre à penser le monde et notre action sur le monde autrement qu'en anathèmes et en bombardements…

Adolescente j'ai été marquée, à vie, puis-je m'en rendre compte aujourd'hui, par une phrase à la fois brève, sobre et phénoménale. Elle est prononcée à la fin d'un film de Costa-Gavras, *L'Aveu.* Dans ce film beau, juste et poignant, tiré du roman d'Artur London, à la dernière scène, selon ma mémoire, deux hommes se croisent inopinément. L'un, héros du film, est la victime de ces procès truqués qui ont laminé sous Staline des hommes et des femmes cyniquement accusés de trahison, contraints à des aveux de conspiration contre l'État. L'autre est l'un des tortionnaires, plus probablement l'un des organisateurs mêmes de ces procès. Il émane de chacun d'eux une grisaille de vaincus. Ou plutôt de désenchanté chez l'un, désemparé chez l'autre. Le désenchanté a encore une lueur, celle de la vie et ses libertés qui promettent de renaître. Le désemparé, tortionnaire déchu, ramené par les circonstances à sa dimension d'intrinsèque vulnérabilité humaine, sans lueur, prononce cette phrase : « Que nous est-il arrivé, monsieur ? » Du moins en est-il ainsi dans mon souvenir. Et dans mon souvenir, il ne reçoit pour réponse que le fugace regard un peu las de celui qui n'est plus victime mais renaissant. Ce fut une fulgurance, fichée à jamais dans ma conscience : le temps ! Le temps contre l'instant. Jusqu'où peut-on se laisser porter par l'instant, ses tyrannies, ses chimères, ses reniements, ses avilissements, alors que le temps, tôt ou tard, viendra imposer la toise à laquelle se mesure ce qui est bon, la balance où sera pesé ce qui est juste ? L'échelle du temps contre la pression de l'instant. Les valeurs contre les calculs.

Peut-on vivre sans prendre parti ? Combien de temps les mêmes mots et leurs effluves, sur les masses, les flots, l'afflux, la ruée, rendront indésirables ces femmes, ces hommes, ces enfants qui fuient la guerre et le chaos, comme leurs semblables, tout le long du siècle, ont fui génocides et persécutions, guerre et dictature, misère et torture, massacres et catastrophes naturelles ? Ils venaient d'Europe orientale, des Balkans, du Levant, du Moyen-Orient, de l'Europe méditerranéenne, du Maghreb, d'Amérique latine, d'Asie du Sud-Est, d'Afrique. Et rappelons-le avec insistance : ils sont beaucoup, beaucoup plus nombreux à emprunter les routes du Sud vers le sud, ou du Moyen-Orient vers le Levant. Alors, combien de fois ferons-nous semblant de croire ceux qui nous parlent d'un temps qui ne fut jamais, évoquant ce que Max Weber nommait « l'autorité de l'éternel hier[23] » ? Combien d'efforts sommes-nous encore disposés à faire pour étrangler notre honte et chasser ces images qui reviennent en noir et blanc de ces femmes fuyant les exactions des troupes de Franco, traversant les Pyrénées à pied, des enfants mourant de froid dans leurs bras ? Allons-nous sombrer, cœurs et liens déliés, dans des abysses de faux effroi et de mauvaise foi, comme si nous avions rompu avec l'humanité, avec nous-mêmes ? Compassion ? Les religieuses et religieux, les associations caritatives, les associations civiles même, et certaines ONG en ont à revendre. Et y pourvoient. Nos institutions ne sont pas des dames patronnesses. Il n'est pas question ici de secourir son prochain pour mériter le ciel. Il est question de reconnaître notre commune condition humaine, de voir en l'autre un autre et en même temps un autre soi-même, de ne pas tricher avec la liberté et dire qu'elle est indivisible, de ne pas tourner la fraternité en dérision. Il est question de redonner sens au monde, d'habiter ensemble la Terre.

Car qui sont-ils ? Nous ! Voyez comme ils nous ressemblent. Cette obstination à se redresser pour ne pas périr ! Cette ténacité dans l'espoir même lorsque tout semble suspendu ou perdu. Ce courage face à l'inconnu, ce stoïcisme face à l'hostilité, cette résilience qui fait « danser et sourire, chanter et puis rire » même lorsque les cicatrices saignent encore. Ils emportent sur les routes leur refus de se rendre, ils portent en eux cette flamme qui entretient le goût de vivre. « *I want a little sugar in my bowl. I want a little sweetness down in my soul* », chante avec eux Nina Simone[24]. Et ils tracent ces chemins sur la mer, « *no hay camino sino estelas en la mar* », qu'entrevoyait Antonio Machado[25], lui qui foula le sol français trois jours, puis ferma les yeux à Collioure. Ils sont emplis de désir. Ce faisant, ils ravivent chez nous la mémoire de l'exode, longs cortèges de Français de tous âges, en famille, chargés de quelques bagages, quittant la zone occupée par les forces armées nazies du IIIe Reich pour traverser la frontière belge ou descendre vers la zone libre au sud et en Corse.

Nous faut-il d'autres mots pour cesser de les regarder sans les voir, pour prendre la mesure des risques qu'ils affrontent dans ces voyages sans certitude ? Quels mots ? Ceux qui germent sur le chaos ? La faim qui tenaille et éteint le regard des enfants ? La famine qui guette, comme ce vautour épiant l'enfant prêt à s'écrouler ? Tout bien considéré, les images n'ont jamais manqué, à aucune époque, grâce à des messagers, dessinateurs, peintres reporters, photographes, pas toujours sortis indemnes de l'horreur approchée, ainsi Kevin Carter. Que voulons-nous savoir de plus ? Si les viols sont bien une arme de guerre ? Si les persécutions épargnent les innocents ? Si la torture est artisanale ou technique, brutale ou raffinée ? Si la mort s'annonce à la sirène ? Quels autres mots nous faut-il ? Ceux, introuvables, face à la violente beauté des plages, des rivages, de l'écume immaculée qui lèche les corps rejetés par les vagues, parfois un petit garçon, parfois un homme, des garçons, des hommes, comme si les petites filles et les femmes, prises de pudeur, glissaient sans bruit dans les entrailles de la mer ? « *Everywhere home.* » C'est pour tous les « déplacés » de tous les temps que montent de la clarinette de Yom les sons klezmer de la tristesse en gésine. Et quelques notes d'immortelle fraternité. Pour eux. Ils sont plus de cinq mille cette année, dont le voyage loin des fureurs embrouillées d'un monde débraillé s'est achevé dans le silence de la Méditerranée. Ils se mêlent désormais au limon et aux algues, leurs os et leurs crânes entonnent avec les coquillages un chant mélancolique que nous ne savons même pas entendre.

« Être homme, c'est précisément être responsable. C'est connaître la honte en face d'une misère qui ne semblait pas dépendre de soi. » C'est Antoine de Saint-Exupéry dans *Terre des hommes*.

Ni l'époque ni la mode ne sont à l'hospitalité. En 1937, l'époque déjà n'était pas à la solidarité avec la République espagnole. Pour mauvais calculs géostratégiques, vite invalidés. Dramatiquement. Épargner Franco n'a pas ralenti Hitler. Heureusement, les Français furent des milliers à partir malgré la politique officielle de non-intervention, environ quinze mille aux côtés des républicains. Il en fut aussi, quinze fois moins, séduits par le fascisme, qui allèrent prêter main-forte aux troupes franquistes. Aujourd'hui, malgré les hautes déclarations martiales et définitives proférées pour rassurer des gens pourtant peu disposés à se laisser amadouer, des Français accueillent. Ils reçoivent, soutiennent, accompagnent. Ils perçoivent peut-être chez ces personnes qui souvent maîtrisent déjà au moins deux langues, chez celles qui trépignent d'apprendre, chez ces pugnaces qui marchent depuis des mois, parfois des années, mus par le ressort de l'espoir, *force hope*, chez ces enfants et adolescents isolés, ils perçoivent sous la croûte de l'épreuve qui la bride encore une énergie qui s'impatiente, une ardeur qui perce, un désir d'être et de prouver, et ces Français aidants se disent : quand ces voyageurs de l'endurance et d'une invincible espérance se mettront à aimer ce pays…

Je ne sais ce qui me possède
Et me pousse à dire à voix haute
Ce qui m'habite et qui m'obsède
[…]
Au-dessus des eaux et des plaines
Un plain-chant monte à gorge pleine
[…]
La souffrance enfante les songes
L'homme crie où son fer le ronge
Et sa plaie engendre un soleil
Plus beau que les anciens mensonges[26].

Louis Aragon et Jean Ferrat, « Les Poètes »

D'où viennent les choses ? Croyons-nous pouvoir faire indéfiniment comme bon nous semble, comme si nous étions seuls au monde, ou au-dessus du monde, hors de portée de toute riposte, fût-elle injuste ou démesurée, abusive ou inadéquate, aveugle et monstrueuse ? Mesurons-nous le danger que nous font courir ceux qui jouent à tracer de raides diagonales pour lire le monde, à éructer des mots mitrailleurs, à frapper, disloquer puis tourner les talons, tout surpris du fracas et du chambardement qui suivent leurs exploits ? Tout transis soudain et parlant haut et trop tandis que les fanatismes meurtriers s'installent dans le champ de l'idéal, de l'espoir, de la ferveur, de l'enthousiasme, lèvent une armée innombrable sous toutes les latitudes, parviennent à faire croire qu'il y a un salut, sinon du bonheur, dans le crime de masse, le carnage mystique, la tuerie extatique.

Et nous, prisonniers de mots qui font semblant d'être lisses, de mots vieux et burinés, enduits d'animosité, chargés de malveillance, nous nous sommes trop longtemps laissé neutraliser puis déposséder. Il presse de retrouver ces mots qui ont l'éclat de l'engagement assumé et la chair de l'idéal arrimé au réel tout en s'appliquant à le transcender. Il est temps de remiser la honte insidieusement inculquée à qui ose vouloir un monde plus juste et plus amical. Rappeler, sans s'en effaroucher, que les temps de migrations furent des temps plus longs que les temps de sédentarisation. Sans rien ignorer de ce que l'humanité porte en elle d'obscurités obstinées, de cette funeste alchimie d'instinct et d'ingéniosité qui la rend si performante dans ses desseins de destruction, il est temps de prétendre de nouveau ne pas s'accommoder d'un monde qui crache le mépris en même temps qu'il propage la misère, qui traite les injustices comme une variable de prospérité, fait de l'exclusion un quotient du progrès et du profit, de l'exploitation humaine un critère d'opportunité. Il est temps de dire qu'il y a la possibilité d'une conscience du monde, que cette conscience a surgi en même temps que s'est manifestée la connaissance exhaustive du monde.

Il faut nommer chaque chose, nommer le désir, nommer chaque méfait, nommer l'espoir, la force et la volonté, nommer les reculs et l'inacceptable, convenir de ce qu'il y a d'humain dans la barbarie qui déclare la guerre à l'humain, à la vie, à la joie, à l'inconnu, à l'insolite. Il faut nommer ce qui est et ce qui peut devenir.

« S'efforcer au langage clair pour ne pas épaissir le mensonge universel[27]. » C'est Albert Camus.

C'est devenu une bataille rangée.

Les coups sont portés sans mesure. C'est sûr et définitif: chacun a raison, et par-dessus tout, hors de son point de vue, point de salut... pardon, point d'ordre public pour l'un, point d'ordre social pour l'autre. D'un bord, tout nous conduit vers l'abîme et révèle notre complaisance envers ce qui signe la fin de nous-mêmes. De l'autre, il n'y a plus de liberté en ce bas monde, on n'aurait même plus le droit d'exhiber sa pieuse piété.

C'en est devenu crispant, à force d'être exaspérant, ce penchant ostentatoire pour les accessoires vestimentaires d'un autre âge. D'ailleurs des créateurs de mode ont décidé de les moderniser. Et des chaînes de grandes marques de les promouvoir. On ne sait s'ils l'ont fait exprès. Ou si tout simplement, sans état d'âme, ils œuvrent à étendre le champ du commerce en insinuant, jusqu'au plus intime de la croyance, la main invisible du marché. Il n'empêche qu'ils ont bien énervé ! Et divisé. Une fois de plus. Et ça les sert. Il y a des gens comme ça : rien ne les dessert !

S'il ne s'agissait que d'ordre public, l'affaire serait pittoresque et la dispute picaresque. Car heureusement, la République a les moyens d'assurer l'ordre public sans nous obliger à sombrer dans l'excès face à ce qui nous déconcerte, nous dérange, nous irrite. S'il était question d'ordre social, le différend serait insoluble, mais fort heureusement cet ordre ne repose pas sur l'exacerbation des particularismes.

Les combats laïcs ont tellement imprégné les imaginaires que d'aucuns, saisis de nostalgie, rejouent par procuration, avec l'énergie des inconsolables, l'assaut d'antan contre la calotte ; sauf que cette fois leurs coups ne visent pas les pouvoirs cléricaux ou tout magistère sur les consciences, mais… les croyants. Du moins ceux qui s'affichent dans l'espace public. Surtout celles, d'ailleurs. En face, s'étale comme une ivresse de la persécution, d'autant plus vertigineuse qu'elle se fait sans stigmates physiques, et que ceux qui crient ne sont pas celles qui souffrent. Pourtant, il n'y a pas si longtemps, le chanoine Kir, grand résistant au verbe coloré, maire et député, siégeait en soutane à l'Assemblée nationale. Cela se passait dans les années 60, plus d'un demi-siècle après l'adoption de la loi de 1905 de séparation des Églises et de l'État. À un demi-siècle aussi de nos vives querelles.

Certes, la question de la laïcité est celle du rapport de la République aux religions. Matière inflammable, du petit père Combes aux voiles de Creil, de l'accompagnement des sorties scolaires à la crèche Baby-Loup.

Passion et impatience. Peut-être parce que, en dépit de leur étymologie et de leur promesse, les religions, s'il leur arrive de procurer paix à l'individu, apportent assez peu d'apaisement entre les groupes. Et de toutes les diversités contrariantes, de toutes les pluralités déroutantes, les singularités religieuses sont probablement les plus importunes.

Pourtant, c'est la revendication de pluralisme confessionnel, la demande de liberté religieuse, la réclamation des protestants toujours combatifs malgré des siècles de persécution avant l'Édit de Nantes et après sa révocation, qui vont desserrer l'étau du monopole catholique de la religion du roi. Se dégage alors un espace pour d'autres religions, pas encore pour la libre-pensée. Voltaire publie le *Traité sur la tolérance* en 1763, mais Jean Calas a déjà été pendu. Quant au jeune chevalier de La Barre il sera torturé, décapité et brûlé à dix-neuf ans, pour avoir prétendument tailladé un crucifix de bois, et assurément omis de saluer une procession. Vingt ans plus tard, l'Édit de Tolérance sera promulgué à Versailles. L'arbitraire ne cesse pas pour autant. Les condamnations se poursuivent, à la galère, à la prison, à la pendaison, au bagne. Et pour les femmes, à la tour de Constance.

Bien avant et bien après tous ces épisodes, les relations entre le pouvoir politique et l'autorité religieuse sont à la fois de houle et de connivence. Dans le domaine du pouvoir, où le contour des champs temporel et spirituel fut longtemps artificiel, il et elle s'entendaient pour assurer solidairement l'ordre public et la reproduction sociale, en régnant sur les esprits et les comportements par la coercition des âmes ou la contrainte des corps. Leurs rapports n'étaient pas toujours pacifiques, mais leurs intérêts convergeaient, les préceptes de l'Église romaine agissant sur les consciences, le pouvoir politique assurant, par ses attributs régaliens, la protection des privilèges ecclésiastiques. À l'État la *potestas directa*, pouvoir de gouverner les hommes, par la loi et avec tous ses moyens de contrainte et de coercition, à l'Église la *potestas indirecta*, ce pouvoir de gouverner les pensées. Ainsi furent conclus des « accommodements raisonnables » entre « le trône et l'autel », entre « le sacré et le profane », celui-ci fût-il royal de droit divin, entre « le glaive et le ciboire », comme chante insolemment Jean Ferrat, et, pour la conquête des terres lointaines, entre « le sabre et le goupillon ».

C'est donc à travers de multiples va-et-vient, soubresauts, acquis, arrangements et reculs, que fut marquée la distance entre les institutions monarchiques puis républicaines d'une part, et d'autre part l'Église catholique, active, volontariste, dominante, par périodes dominatrice. Cette distance mouvante se traduit dans le temps par des actes de défiance, de provocation, de rétorsion, puis un nouveau concordat, conforté avant d'être contredit par moult décrets et circulaires qui finissent par énoncer sobrement mais catégoriquement que l'Église est séparée de l'État, que le budget des cultes est supprimé, que la République ne salarie aucun culte, qu'elle n'en subventionne aucun. Les révolutionnaires tentèrent une expropriation plus métaphysique que mystique, par l'instauration d'une religion civile que Rousseau s'est évertué à théoriser et que Robespierre s'est efforcé de magnifier. Cette religion manquait de transcendance, son ciel était désert, elle ne convertit guère. Cependant, c'est bien « en présence et sous les auspices de l'Être suprême » que sont déclinés les Droits de l'homme et du citoyen dans la Déclaration de 1789, qui fait encore partie du bloc de constitutionnalité. Jusqu'en 2015, en prêtant serment, les magistrats s'engageaient à « garder religieusement le secret du délibéré ». Évidemment, depuis les grands remous de la fin du XVIIIe siècle, du temps s'écoula. Des péripéties aussi. Puis fut inscrite dans la loi de marbre la séparation des Églises et de l'État. En décembre 1905 était principalement entendue l'Église par nécessité du présent, mais il fut écrit les Églises par vision de l'avenir. Déjà en 1850, lors des débats parlementaires sur la loi Falloux qui étend l'enseignement privé confessionnel, Victor Hugo fustigeait le « parti clérical » qu'il accusait d'ailleurs d'être la « maladie de l'Église ». Victor Hugo, qui fut croyant au point de rédiger *Les Contemplations*, connaissait les excès, y compris criminels, de l'intolérance religieuse. Il en décrivit la glaciale outrance dans la pièce de théâtre sur les méfaits du Grand Inquisiteur Tomás de Torquemada. Monarchiste lucide et critique, refroidi par la petitesse et la duplicité de Louis-Napoléon Bonaparte, puis républicain exigeant jouissant d'une vaste confiance populaire, il prescrivait déjà lors de ces débats parlementaires : « L'Église chez elle, l'État chez lui. »

Et si la laïcité c'était bien plus et bien mieux que ces chicanes bruyantes dont nous abreuvent celles et ceux qui s'en croient les dépositaires exclusifs et celles et ceux qui jouent à tester les contradictions des prescriptions républicaines ?

Si, au-delà de l'ordre public et de l'ordre social, il était davantage question d'un principe de concorde visant à rendre possible la vie commune, d'un mode d'organisation sociale, des conditions d'accomplissement des destinées personnelles ?

Certes, il y a toujours un enjeu entre l'emprise de la croyance et l'empire des connaissances. Une tension entre la foi et la raison, entre le savoir et le dogme, l'esprit d'examen et le commandement. Ce rapport énigmatique, et somme toute dialectique, préoccupait déjà Averroès qui cherchait à concilier théologie et philosophie, croyance et expérience. C'est ainsi qu'il récusa sans ambiguïté le fidéisme obtus issu de l'interprétation littérale des textes dits sacrés, à l'ombre desquels les théologiens et croyants paresseux abritent leur foi mécanique, déniant toute contextualité, donc toute temporalité à ces écrits. Et leur ôtant, par voie de conséquence, toute imperfection. Or Averroès n'hésitait pas à reconnaître préséance à la démonstration et à l'expérience, lorsque leurs résultats contredisaient la parole écrite.

S'il n'était question que de discussions savantes, il pourrait s'avérer ludique d'ausculter les thèses triomphantes et leurs effets boomerang. Juste pour l'exemple, s'interroger sur le positivisme d'Auguste Comte, véritable école de pensée ayant connu la fortune d'une renommée internationale et d'une adhésion massive avant de buter sur ses propres limites, et percer ce que ses postulats sur les liens supposés entre le progrès scientifique et le progrès moral, sa « religion de l'Humanité », auraient à voir avec le retour en force des interdits religieux. À cet exercice, chacun trouverait matière à convaincre, tant le siècle des Lumières regorge de controverses. Car ce ne fut pas un siècle tranquille, ni binaire ; il fut péremptoire mais de part et d'autre. Pour y voir clair, Emmanuel Kant avait la sommation décisive : « Aie le courage de te servir de ton propre entendement[28]. »

S'il est vrai que nous avons besoin de l'Histoire pour comprendre comment nous sommes rendus sur cette rive, de la philosophie pour saisir le bien-fondé des divergences, des sciences humaines pour percevoir ce qu'il y a d'immanent chez l'homme dans son rapport à la spiritualité, des sciences sociales pour appréhender la part que prennent les environnements géographique, culturel, familial dans la prédétermination de la pensée ou l'espace consenti à la liberté, il convient avant tout de sonder la solidité du cadre dans lequel nous faisons vie commune. En même temps que la solidité du cadre, d'éprouver la validité et la lisibilité des principes, des symboles et des règles qui nous font tenir ensemble. Au-delà du présent, définir ce que nous sommes désireux et capables de devenir solidairement.

L'une des grandes difficultés aujourd'hui provient de ce que le processus d'individuation, qui fait de chacun un sujet de droit exerçant la plénitude des attributs de citoyenneté, travaille également le croyant. Ainsi, et de façon plus évidente dans les religions sans clergé, la grande diversité des interprétations et des pratiques atomise la relation des citoyens aux pouvoirs publics. C'est, conceptuellement, un progrès au sens où le champ libre du citoyen s'est élargi. C'est un risque par l'hétérogénéité des réclamations et des attentes, et par le possible glissement vers un lien social à la carte.

Au milieu du tapage de la bataille rangée, il presse de rappeler que des règles, parfois forgées obstinément, ordonnancent notre espace commun de vie et visent à rendre envisageable notre convivialité, voire même supportable notre coexistence.

Car, de fait, le cadre normatif existe. Il fut construit d'abord en cahotant puis il gagna en clarté et en stabilité. Il s'est inscrit dans la durée. Ce cadre est caractérisé pour l'essentiel par la loi de 1905, point d'orgue dans le tumulte au long cours entre le pouvoir séculier et le clergé. Il est désormais consolidé à travers les modifications successives, quelques adjuvants réglementaires voire même des irritants jurisprudentiels. Cette loi est un point d'orgue en ce qu'elle énonce explicitement la séparation des Églises et de l'État. Mais elle participe d'un processus de laïcisation qui s'est déployé sur plusieurs décennies et qu'ont tissé diverses lois sur la liberté de la presse (1881), sur l'école publique, obligatoire, laïque et gratuite (1881, 1882 et 1883), sur la laïcité du personnel enseignant (1886), la liberté syndicale (1884), la liberté associative (1901), l'interdiction de tout enseignement congréganiste (1904) et même la loi rétablissant le divorce (1884), qui ramène la séparation des couples mariés sous l'empire de la loi civile plutôt que sous l'influence des interdits sacramentaux. Il arrive encore que cette loi de 1905 soit brandie à mauvais escient, pour appuyer des assertions qui n'étaient ni dans la conception de Ferdinand Buisson, président de la commission parlementaire chargée de rédiger la loi, ni dans les intentions d'Aristide Briand, son rapporteur, et qui ne furent nullement inscrites dans la loi par les parlementaires. Dans l'article du *Dictionnaire de pédagogie et d'instruction primaire* qu'il consacre à la laïcité, Ferdinand Buisson explique que l'école, qui était « mixte quant aux cultes », en accueillant les enfants de tous les cultes et en organisant des enseignements religieux au sein des établissements, devient par la loi « neutre quant aux cultes », au sens où elle accueille toujours tous les enfants sans que plus aucun représentant confessionnel y ait ni accès ni autorité. Il pousse cependant son raisonnement au cœur de la logique et se demande : l'instituteur qui aurait des convictions religieuses ne les transmettrait-il pas, même à son insu, à travers son enseignement ? Buisson en déduit que « la question législative et administrative fait place à la question philosophique et pédagogique ». Il en conclut que « l'enfant du peuple a besoin d'autre chose que l'apprentissage technique de l'alphabet et de la table de Pythagore », et il interroge : « Qui peut prétendre qu'il y ait une éducation sans un ensemble d'influences morales, sans une certaine culture générale de l'âme, sans quelques notions sur l'homme lui-même, sur ses devoirs et sur sa destinée ? »

La préoccupation qui conduit, de façon récurrente, à des débats sur l'instruction civique, la morale laïque, ne témoigne-t-elle pas du même souci de faire de l'enseignant un éducateur, ayant « le droit et le devoir de parler autant au cœur qu'à l'esprit » ? Aristide Briand, réputé habile à faire tomber les tensions entre les camps très crispés des anticléricaux, dits bouffeurs de curés, et des émissaires du Vatican, n'en demeure pas moins très combatif lors des débats parlementaires, affirmant « qu'il n'est pas une liberté dont jouisse ce pays qui n'ait dû être conquise sur les résistances acharnées de l'Église[29] ». L'ambiance en effet n'est pas sereine au moment où il s'exprime. L'Église n'accepte pas l'idée même de cette séparation, car, tout comme elle a estimé que le rétablissement du divorce « violait la sainteté et l'inviolabilité du mariage chrétien », elle réfute la liberté de conscience, proclame que « par essence l'Église est une société inégale » et ne peut envisager l'autonomie de l'individu, car « la multitude n'a d'autre devoir que de se laisser conduire et, troupeau docile, de suivre ses pasteurs ». C'est donc dans l'opposition frontale de deux conceptions irréconciliables de la liberté et de la citoyenneté, entre le pouvoir politique et le pouvoir ecclésiastique, que cette loi de 1905 fut élaborée, débattue, votée, appliquée.

Pourtant, ce qui tranche déjà chez Buisson et Briand, c'est qu'ils manifestent davantage d'inquiétude sur le contenu – les disciplines d'enseignement, les libertés – que sur les apparences et les proclamations. Plus d'un siècle avant eux, en 1780 déjà, Condorcet plaide pour l'instruction publique, obligatoire, laïque et gratuite, et veut que cette instruction accueille les filles autant que les garçons. Il n'y a aucun hasard, mais une profonde cohérence au fait qu'il porte concomitamment les causes de la citoyenneté des juifs et des protestants, de l'abolition de l'esclavage, du droit de vote des femmes. Il a perçu qu'elles sont toutes trois les angles morts de la démocratie. Avant même les grandes figures révolutionnaires, comme Danton et Robespierre, il milite pour l'instauration de la République, dès la fuite du roi à Varennes. Dans ses combats pour l'instruction et pour les libertés, il ne dissimule pas son ambition : il aspire à l'égalité, qu'il range parmi les droits naturels et imprescriptibles, au même titre que la liberté et la sûreté énoncés à l'article deux de la Déclaration de 1789. Sophie de Grouchy, philosophe et féministe avant de devenir son épouse, écrit et propage la nécessité d'admettre les femmes dans la cité, à égalité des hommes. Condorcet porte une si haute intelligence de la liberté de la personne, des conditions de cette liberté par l'accès au savoir et le progrès des connaissances, qu'il redoute les « ignorants vertueux[30] ». Il souhaite inculquer un esprit critique, y compris au regard des institutions qui doivent demeurer vivantes, au service du bien commun et de l'autonomie de l'individu. Il en appelle à cet esprit d'examen, proférant que, « même sous la Constitution la plus libre, un peuple ignorant est esclave ». C'est pourquoi il veut que l'école publique forme des « citoyens difficiles à gouverner ». Nulle audace semblable, depuis !

Trente ans après la loi de séparation, Jean Zay, ministre de l'Éducation nationale et des Beaux-Arts du Front populaire, amplifie la mise en œuvre de ce projet républicain d'une école qui instruise, libère des aliénations, affranchisse des superstitions, enseigne à apprendre, en formant solidement les esprits par le savoir et des principes moraux. Il est surnommé le « ministre de l'école sans dieu ». Et ce n'est là qu'une aimable distinction dans une violente campagne antisémite et vulgaire comme les orchestre sans état d'âme l'extrême droite, la même qui, suivie par une partie de la droite, parviendra dès novembre 1936 à pousser au désespoir et au suicide le ministre de l'Intérieur, Roger Salengro.

Au fil du temps, déjà bien avant la loi de 1905 mais plus constamment encore depuis, les institutions républicaines ont apporté des réponses aux situations conflictuelles, consubstantielles à la vie sociale dans une société plurielle, lorsqu'elles ont surgi dans l'espace public. La jurisprudence a ainsi complété, précisé, nuancé la loi, comme c'est sa fonction, en particulier dans une matière subjective et sensible qui ne se peut enfermer dans des cases à angles droits, si normative que se veuille la loi.

Car il faut bien convenir que les prescriptions républicaines contiennent des contradictions. Ces contradictions sont intrinsèques à la réalité des disparités de situations. Il est aisé de déclarer la stricte séparation de la sphère publique, censée être neutre et uniforme, et de la sphère privée dans laquelle devrait se cantonner la confession. Cela peut valoir pour la croyance ou la spiritualité, mais ne présente aucune pertinence pour la religion. La spiritualité et la croyance peuvent se méditer en intimité. Leur pratique, s'agissant notamment de croyance religieuse, ne se peut envisager que dans des lieux publics ou collectivement. Le propre de la religion est de relier, donc de rassembler. D'où les lieux de culte. D'ailleurs, la question de l'autorisation ou de l'interdiction des processions fut l'une des plus éruptives lors des débats publics et législatifs. Car la religion, qui est plus que la croyance en ce qu'elle est l'expression sociale de la croyance partagée, déborde inévitablement sur l'espace public. D'où les églises, les temples, les mosquées et autres lieux de recueillement, de liturgie, de rites, de cérémonies. La liberté de culte relève des libertés individuelles, l'État en convient, la loi de 1905 lui faisant obligation de « garantir le libre exercice des cultes » dès l'article premier. Ce même article premier, on doit s'en souvenir, garantit la liberté de conscience. Et alors que l'article deux stipule que « la République ne reconnaît, ne salarie, ne subventionne aucun culte », dès le deuxième alinéa de ce même article, il est indiqué que « pourront être inscrites aux budgets de l'État, des départements et des communes, les dépenses relatives aux services d'aumônerie et destinées à assurer le libre exercice des cultes dans les établissements publics tels que lycées, collèges, écoles, hospices, asiles et prisons ». En clair, partout où des citoyens sont empêchés de vaquer librement à l'exercice du culte de leur choix, la République fait obligation à l'État d'assurer l'exercice de cette liberté. Les casernes sont également concernées, les dispositions qui les régissent étant contenues dans la loi militaire. Tous les cultes reconnus sont couverts : ainsi sept cultes sont agréés dans les établissements pénitentiaires, et les aumôniers qui officient sont indemnisés pour la plupart. Dans les hôpitaux et les casernes, ces aumôniers sont même salariés de la fonction publique. Cette contradiction est inévitable.

De même perdure l'exception du statut concordataire maintenu en Alsace-Moselle et en Guyane. Les multiples tentatives d'y mettre un terme ont échoué à ce jour, soit parce que les défenseurs de ce statut dérogatoire arriment au régime concordataire celui du droit local qui, incontestablement, contient des dispositions de solidarité et de progrès supérieures au régime général, notamment en Alsace-Moselle ; soit parce que l'État se défausse sur la religion dominante pour tenir un territoire où les inégalités demeurent criantes, où la maîtrise des consciences fonctionne comme un modérateur silencieux des revendications de droits, où le prosélytisme se pratique à travers les missions éducatives ou sociales. L'État se décharge à bon compte, le budget qui pourvoit à la rémunération des religieux étant pris sur les ressources locales du conseil général, budget transféré fin 2015 dans celui de la collectivité territoriale, non dans celui de l'État.

Ouvertement ou insidieusement, la religion continue de se mêler des sujets de société lorsque l'autorité séculière s'en empare. Il en est ainsi de la liberté des femmes sur leur corps, du droit à la contraception et à l'interruption de grossesse ; de l'accompagnement des personnes malades ou accidentées en fin de vie ; du mariage des couples de même sexe ; de l'homoparentalité ; de l'assistance médicale à la procréation. À cela rien de choquant en soi, car on ne saurait nier la dimension spirituelle de ces questions, lorsqu'elles sont ramenées à la situation individuelle et subjective des personnes concernées, si celles-ci sont croyantes. Cette dimension spirituelle ne peut cependant octroyer une prérogative de dernière instance au pouvoir religieux, car il s'agit d'élaborer et d'énoncer des règles relevant de l'organisation civile de la société, de définir les périmètres des droits et obligations, d'y inscrire le champ d'action des instances chargées de veiller à leur bon respect.

D'une façon générale, c'est dans le processus long et difficile de sécularisation des règles s'exerçant sur l'état des personnes que les droits des femmes ont pu progresser, notamment dans le champ de la famille. Rudement, la notion de chef de famille finit par sortir de la loi et l'autorité paternelle devint l'autorité parentale ; lentement, un terme fut mis au traitement différencié de l'adultère ; sûrement, les femmes furent affranchies de la tutelle maritale pour ouvrir et gérer un compte bancaire, disposer de leur propre salaire, contribuer à administrer les biens familiaux, voyager. L'accès au savoir fut toujours une question explosive. Les femmes l'emportèrent par pugnacité, il y eut toujours une première avant la loi : première bachelière, première aviatrice, première institutrice, première avocate… Qu'on ne s'imagine pas que tout finit par aller de soi, ni que ces droits soient anciens : ils s'étendent de 1906 à 1975 pour le divorce par consentement mutuel, et même jusqu'à 2009 pour la suppression de toute différence de droits entre les enfants selon le statut de leurs parents (enfants naturels) ou leur mode de conception (enfants adultérins). La gestation pour autrui, interdite sans ambiguïté dans le code civil français, pose un nouveau défi, celui de l'égalité de droit à l'état civil des enfants selon leur mode de conception. Et on aurait tort de croire que la puissance publique, et singulièrement le pouvoir exécutif, peut esquiver cette responsabilité, laisser les choses dans un entre-deux, spéculer sur des décisions judiciaires qui seront épisodiques et différenciées, camoufler son inconfort en transférant sur les enfants une insécurité familiale. « *God bless the child that's got his own* », Billie Holiday[31]. Les conquêtes engrangées marquèrent la prise de distance de la loi commune au regard de la tutelle religieuse qui reproduisait les règles patriarcales ayant cours dans les sociétés où, et au moment où, naquirent les trois religions monothéistes.

Ce tropisme du rapport de la laïcité au religieux n'est pas une vue de l'esprit, mais bien un ancrage historique, renforcé par des situations contemporaines, et surtout par le retour tonitruant du religieux ostentatoire, vindicatif, exclusiviste. Il nous faut comprendre pourquoi chaque résurgence, non du fait religieux qui n'a jamais disparu même lorsqu'il s'est assoupi, mais de sa clameur obscurantiste, enfourche un attelage pétaradant, hurlant la damnation de l'autre, y compris l'autre croyant, y compris croyant en un même Dieu qui change de nom, y compris pour trier au milieu d'une colonne de souffrants. Comprendre pourquoi les religions qui se prétendent d'amour et de charité suscitent des exhortations aveugles, fanatiques, belliqueuses au moins par le verbe, qu'il s'agisse de prétendre à d'uniques racines judéo-chrétiennes ou à une supériorité de l'islam. Ces exhortations sont toujours absolues. En nos temps, seuls les hystériques d'un islam totalitaire sombrent dans les démences criminelles. C'est le paroxysme meurtrier d'une relation qui puise dans un affect si prompt à la démesure, à l'intempérance, à l'extase. Cette question ne peut demeurer infiniment en suspens.

Seulement nous paraissons démunis. Incapables de renoncer aux duels d'anathèmes pour raisonner. Se raisonner et raisonner l'autre. Parfois par un contournement. Comme Fernando Pessoa :

Penser à Dieu c'est désobéir à Dieu
car Dieu a voulu que nous ne le connaissions pas,
aussi à nous ne s'est-Il pas montré…

Soyons simples et calmes
comme les ruisseaux et les arbres,
et Dieu nous aimera, nous rendant
beaux comme les arbres et les ruisseaux,
et Il nous donnera la verdeur de son printemps
et un fleuve où nous jeter lorsque viendra la fin[32] *!…*

Moins prosaïquement, Ludwig Feuerbach a exprimé avec une indiscutable clarté la relation entre la morale, nous pourrions dire l'éthique, et la religion. Évoquant une conscience originaire et naturelle de la moralité et du droit, il les estime inhérentes à l'être humain, à sa nature ; nous pourrions ajouter à sa culture forgée par le besoin de règles en vie sociale. Feuerbach assure que la sacralisation de ces règles de morale et de droit n'apparaît qu'après. C'est à quoi serviraient les commandements et autres hadiths ou mitzvot. Ce ne serait pas sans danger ! « Là où l'on fonde la morale sur la théologie, le droit sur l'institution divine, on peut justifier et fonder les choses les plus immorales, les plus injustes, les plus honteuses[33] », écrit Feuerbach. On ne peut nier que l'Histoire, précédant ses propos ou les suivant, fut prodigue en illustrations de cet aphorisme pertinent. On ne peut nier non plus que, fût-ce de façon sporadique, la religion revient travailler, d'abord souterrainement puis en flagrance, des esprits prompts à renoncer à toute rationalité et à tout enracinement humain de la morale qui rend possible la vie sociale, pour faire resurgir un absolutisme religieux, hostile au bonheur, intolérant à la faiblesse, féroce à la faute, indifférent au doute. Et tant pis pour les subtilités de saint Augustin ou les états d'âme de Thomas d'Aquin, s'interrogeant tous deux sur les contraintes à infliger aux infidèles ou aux hérétiques.

Dans une réflexion sur l'éthique et l'infini, Emmanuel Levinas considère que « la religion [...] n'est pas identique à la philosophie, laquelle n'apporte pas nécessairement les consolations que sait donner la religion[34] ». Il y ajoute une pensée d'une grande puissance: « N'est peut-être digne de ces consolations qu'une humanité qui peut aussi s'en passer. »

Le nœud problématique de la laïcité réside ailleurs que dans son vis-à-vis vénéneux avec les confessions. Et c'est heureux. Car en réalité, la laïcité n'est pas seulement au fil du droit, elle est au cœur du Nous. Elle est d'abord principe de concorde. Elle prend acte d'une réalité incontestable: la société est plurielle, traversée par des différends dont certains sont non solubles au sens où l'entend Jürgen Habermas. Il importe donc d'organiser une possible vie commune en créant les conditions d'un espace social où cette grande diversité de particularismes, d'appartenances, d'univers culturels, d'imaginaires aux sources multiples, tout en se heurtant ou se percutant, ne réduise injustement ni les libertés ni les opportunités. Cet espace social constitue au contraire le lieu où les acquis et modes de vie agrégés par l'enracinement millénaire s'articulent avec le bouillonnement et les syncrétismes qui résultent des pérégrinations effectuées à travers le vaste monde et vibrent encore de leurs errances.

Une fois que l'on s'accorde sur la neutralité des institutions publiques, au sens des obligations incombant à celles et ceux qui les servent ; une fois que l'on admet que l'impératif de scrupuleux respect de la laïcité échoit aux pouvoirs publics et non aux citoyens ; une fois que l'on convient que les dispositions de la loi induisent ce qui peut apparaître comme des injonctions contradictoires, à savoir que la République ne reconnaît ni ne salarie aucun culte mais que, garantissant leur libre exercice, elle contraint l'État à en assurer la pratique dans les lieux clos – internats, casernes, hôpitaux, prisons – lorsque la liberté de circulation des citoyens est entravée ; une fois que l'on entrevoit l'artifice de séparation de l'espace public et de l'espace privé, la spiritualité pouvant seule être cantonnée à l'espace privé alors que la religion autorisée appelle logiquement la praxis collective ; une fois tout cela rigoureusement examiné, si l'on consent à le faire, on parvient au cœur du Nous.

Comment nos « je » variés et disparates se combinent en Nous, composite sans doute, discordant, chamailleur, dissonant, mais dynamique et inventif, pour décider ensemble du chemin qu'il nous sied de tracer.

Comment ? Par l'ambition d'égalité ! Que chacun devienne ce qu'il est ! Par la condition de citoyenneté !

Que chacun jouisse de la plénitude des attributs civils et civiques, qu'il s'agisse des libertés, de la solidarité, des droits et obligations, en clair de tout ce qui fonde le socle de dignité de la personne, dans cette appartenance commune qui surplombe toutes les affiliations particulières.

Rien de tout cela ne va de soi. L'égal accès au savoir, aux connaissances, aux soins, au droit, aux lieux, aux cultures, aux métiers, aux responsabilités en est la clause de base. Pour les femmes et pour les hommes. Pour les filles et pour les garçons. Et n'importent ni l'origine, ni l'incroyance, ni la croyance, ni la carnation, ni l'accent, ni la corpulence, ni la conformation, ni les préférences amoureuses, ni les goûts artistiques, ni même le style vestimentaire. Qu'il soit bien clair : si une seule de ces caractéristiques importait, toutes importeraient. Toutes, n'importe laquelle, deviendraient prétexte à exclusion, discrimination, marginalisation, agression.

C'est cet accès au savoir et au reste qui permet l'émancipation individuelle, notamment par l'acquisition de la raison critique qui n'interdit ni de croire, ni de ne pas croire, ni de changer de foi, mais peut doter chacun des moyens de s'affranchir des aliénations, que celles-ci proviennent des confessions avec leurs dogmes, leurs commandements, leurs postulats, leurs mystères, leurs invraisemblances ; qu'elles procèdent des superstitions, de l'endoctrinement, du conditionnement, du sensationnalisme, du prêt-à-penser autoritaire, de la mode cyniquement consumériste… ; qu'elles germent sur l'ignorance.

Ce sont cette liberté de pensée et cette indépendance d'esprit qui font de chacun un sujet de droit, autonome, artisan de sa trajectoire personnelle, maître de sa destinée, apte à prendre part à l'élaboration du destin commun. La laïcité est bien la condition d'une citoyenneté égale, elle crée bien l'espace où les identités se magnifient pour atteindre à l'universalité grâce à l'édification en commun de cette aventure improbable et pacifique qu'est la vie d'une nation.

Ces clauses de base ne sont pas acquises. Elles supposent clairvoyance et volonté de la puissance publique, pour traquer partout les inégalités et les injustices, des plus flagrantes aux plus sournoises, celles qui s'ancrent dans les préjugés ou l'antipathie, celles qui adviennent par inadvertance, celles qui résultent de cooptations et de toutes sortes de stratagèmes subrepticement conçus pour préserver des entre-soi. Celles qui prennent la forme bien concrète et bien quotidienne de frustrations fréquentes, d'humiliations courantes, de contrôles d'identité intempestifs, de rêves interdits.

Si la puissance publique n'est pas allante, si elle s'avère distraite, ou s'il advient qu'elle n'a cure de l'égalité, de corriger les conditions de naissance et l'environnement social, alors il revient aux citoyens, à la société civile de faire vivre l'ambition d'égalité. D'en faire une réalité. C'est ce que permet le conflit social. C'est dans la lutte résolue pour tenir les promesses de la République que la démocratie puise sa vitalité. L'État de droit accueille la contestation, qu'elle soit de source syndicale, politique, civile.

L'individuation issue des Lumières devient un piège lorsqu'elle aboutit à l'individualisme puis aux égoïsmes, à l'enfermement, au repli sur soi, au rejet des autres, au dessèchement, à la marcescence. Elle est une conquête précieuse si elle fait de chaque citoyen un sujet actif, soucieux des autres, préoccupé de l'avenir et qui prend sa part à le modeler. Chacun doit en effet faire sa part. Y compris sur soi. « *I wish I knew how it would feel to be free. I wish I could break all the chains holding me* », chante Nina Simone[35], qui ajoute dans la version live à Montreux « *Not to be chained to any race, to any faith, to any greed. I know how it feels to be free.* » Convergence de combativité et de désaliénation, « *Emancipate yourself from the mental slavery. None but ourselves can free our mind* » selon la « Redemption Song » de Bob Marley.

Les débats, les désaccords, les controverses, les disputes sont le lot des libertés. Dans toute société démocratique, les impossibles et les interdits sont les étais de l'en-commun. Ils peuvent être contestés, il importe que, de façon claire et prévisible, les effets de cette contestation soient connus. Ces effets ne peuvent relever ni de la conjoncture, ni d'un rapport de forces entre des parties interprétant les règles de façon discordante, ni d'une subjectivité prédominante, ni dans un face-à-face de gladiateurs de la suspicion réciproque. Le propre de l'État de droit, c'est le droit.

Soudain, l'été dernier… quelques maires de droite ont concocté un psychodrame affligeant et potentiellement dévastateur. Çui qu'a commencé ? Qu'importe ? Pas loin de Nice. Pouvait-il ignorer que la première personne écrasée sur la promenade des Anglais sous les implacables roues de l'infernal camion conduit par ce dément sans foi ni loi ce soir tragique du 14 juillet était une femme de confession musulmane, dont les fils ont dit qu'elle était pieuse ? Hors sujet. L'heure est grave et le danger à nos pieds sur nos plages. Sus aux tenues de bain qui laissent voir le visage. Et puisque l'arbitraire est la tentation permanente du pouvoir, un arrêté fera l'affaire, il fera loi, fût-ce contre la loi. Le Conseil d'État a rappelé l'empire de la loi. Mais voilà que ceux qui donnent à tout va des leçons de républicanisme raide et rigoriste, de respect des règles sans exception ni atermoiement, de discipline abrupte et spartiate, ceux-là proclament dans la plus grande promiscuité doctrinale leur conviction d'avoir raison et leur intention de changer la loi, et, si besoin la Constitution, peut-être même l'Histoire, afin de continuer à interdire à leur gré. Sans doute de telles circonstances exigent-elles quelques rappels de principe. Il arrive que des choses, des comportements, des propos nous dérangent, nous irritent, nous intriguent, nous exaspèrent même dans l'espace public. Mais l'espace public n'est pas celui de nos affectivités blessées, de nos contrariétés tranchantes, de nos partialités impatientes, de nos intolérances rugissantes, aussi légitimes que puissent être les sentiments ou les rancœurs qui se seraient mis à ronger des certitudes jusque-là bien placides. L'espace public est celui de la République. Il est donc régi par nos lois et nos règles – qui ne peuvent juste valser au gré de nos agacements. C'est à l'épreuve de la pluralité que se mesure l'idée de citoyens égaux, dotés des mêmes droits, soumis aux mêmes obligations. Mais cette idée peine à prendre ses quartiers dans certains esprits. Il en est qui se croient gratifiés d'une préséance naturelle, nantis d'une autorité *sui generis*, investis d'un pouvoir discrétionnaire sur qui leur déplaît ou semble les narguer.

Oui, le propre de l'État de droit, c'est le droit. Cet axiome doit demeurer inébranlable. C'est la beauté des sociétés de liberté et de responsabilité. Toutes les sociétés n'ont pas fait serment de respecter la liberté, ne la considérant pas comme le bien le plus précieux. Dans les pays théocratiques, la loi divine, plus impitoyable que miséricordieuse lorsqu'elle est un instrument de pouvoir, vacille entre prohibitions et punitions. Sous les régimes autoritaires, la liberté n'est que d'obéir. Dans les monarchies non constitutionnelles, les sujets sont sujets à l'arbitraire de hiérarchies multiples. Toutes les sociétés n'ont pas fait vœu d'égalité. Dans les sociétés de castes, dans celles où les différences de classes sociales sont très marquées par des conditions matérielles profondément déséquilibrées et par une très large disparité d'accès aux institutions et aux responsabilités, les inégalités sont figées et érigées en preuves d'irréductibles différences de capacités et de mérite.

Permettre les débats, c'est la force des nations qui œuvrent à l'égalité entre leurs citoyens, au dialogue entre les peuples, à la conversation des cultures, à l'entrelacement des imaginaires, au partage des savoirs, à l'étreinte des arts, à la rencontre des sciences.

Ces idéaux doivent être réaffirmés dans les démocraties. Ils ne vont plus de soi. Ils se trouvent souvent ensevelis sous l'accoutumance aux injustices, sous la négligence à l'égard des libertés, sous la tentation sécuritaire. Cependant, ils sont encore portés par une mémoire vive, une volonté qui s'entête, une énergie qui piaffe.

Et c'est bien ce qui affole le plus ces meurtriers qui détestent la vie, la joie de vivre, les mêmes droits et libertés pour toutes et tous, les mêmes chances à toutes et tous, le même respect de dignité envers toutes et tous, les mêmes exigences de loyauté et de fraternité pour toutes et tous.

Les autres ne sont que leurs idiots utiles.

C'est le casse du siècle. En directe filiation du boulangisme, de l'antidreyfusisme et des ligues factieuses. La même aisance à s'affranchir des principes tout en pénétrant les institutions. La même logorrhée aventureuse et dangereuse. La même aversion contre la raison au prétexte du « bon sens ». La même vision essentialiste qui fige les individus et leur suppose une destinée écrite et des incapacités originelles. La même pensée réactionnaire récusant l'égalité entre les femmes et les hommes, renvoyant les femmes à la maison au premier nuage économique. Le même cambriolage d'idées dans le camp du progrès et des luttes sociales pour les malaxer aux conservatismes raides et en faire un même ramassis de propositions incohérentes, séduisantes isolément, révélatrices d'une immaturité d'analyse, celle-ci étant rendue vigoureuse par la convoitise du pouvoir. C'est, en moins disserté, le même archaïsme que Barrès, « l'intelligence, quelle très petite chose à la surface de nous-mêmes[36] ». C'est, en moins élaborée, la même élucubration que Drieu la Rochelle, « la France a été détruite par le rationalisme[37] ». C'est la même aversion contre le traitement sérieux des sujets complexes, la même croyance que les gens ordinaires n'entendent rien aux nuances, la même fascination pour l'obscurantisme, finalement le même mépris contre l'intelligence qui refuse de se soumettre. Le même exploit aussi : appartenir à l'élite, naviguer dans les turpitudes du système financier national, européen, voire international, contourner les règles du système judiciaire, parasiter le système institutionnel, se percher sur le système administratif pour en tirer profit, monter à califourchon sur la République pour la dépraver, se vautrer dans toutes les libertés offertes par la démocratie pour tordre le droit afin de réduire les droits des autres. Mener une vie de notable. Et se proclamer antiélite et antisystème. Ainsi prospère la direction d'un parti dont l'inspiration est largement antinationale.

Reprenons. L'extrême droite a une filiation, même si elle ne s'en réclame pas, de honte peut-être, par calcul sûrement. L'extrême droite a eu des penseurs, même si elle se contente aujourd'hui de bateleurs. À la fin du XIXe siècle, après la défaite de Sedan, une partie de la droite qui n'est pas seulement réactionnaire et antirévolutionnaire se radicalise et rejoint, selon les termes de Zeev Sternhell, une droite révolutionnaire, au sens où elle veut s'emparer du pouvoir et n'hésite pas à occuper l'espace public. Cette extrême droite antirépublicaine et antiparlementariste le fera avec forfanterie le 6 février 1934 devant l'Assemblée nationale, affirmant dans les procès-verbaux, en dépit d'une vingtaine de morts et pas loin de deux mille blessés, que, si elle descend dans la rue, c'est bien pour y mettre du désordre, d'où l'usage de rasoirs, de bancs, de grilles d'arbres. Robert Brasillach se réclamera d'ailleurs de l'« espérance d'une révolution nationale[38] ».

Récapitulons. En politique, par temps troubles, rien de plus gratifiant que la confusion. Oser les positions les plus contradictoires afin qu'il y en ait pour toutes les angoisses et pour tous les goûts. Ce seront donc, tantôt un héritage assumé, celui des Camelots du roi, antirépublicains, antisémites, antiprolétariens, pratiquant la violence de rue, bref le legs de Maurras ; et l'OAS dont des auteurs d'attentat auront plus tard la mémoire honorée. Tantôt, ce seront des chapardages désordonnés et hardis dans le panthéon et le patrimoine des forces politiques républicaines, avec un entichement particulier, bien que non exclusif, pour des figures de gauche. Le goût des expéditions lointaines, sans doute.

Examinons les chapardages. Ils sont d'inégale gravité. Annexer Georges Marchais contre l'immigration prêterait presque à s'esclaffer, n'était cette moisissure jetée sur la pensée d'un leader qui ne peut plus riposter, et avec quelle verve l'eût-il fait ! Dépouiller Victor Schœlcher, athée, franc-maçon et double abolitionniste qui, déjà au XIXe siècle, s'opposait à la peine de mort et à l'esclavage au nom de l'égale dignité des hommes, ressemble davantage à une manœuvre de gribouille qu'à une prise indélicate. Vouloir détrousser Jaurès en manipulant ses propos relève du brigandage. Prétendre que Salengro aurait voté pour eux, lorsque l'on sait la violente campagne calomnieuse orchestrée par l'Action française, qui a poussé Salengro au suicide, c'est le summum de l'immoralité – mot étranger –, c'est le comble de l'escroquerie.

Il faut reconnaître cependant qu'ils ont réussi une grande capture : Jeanne d'Arc. Personnalité honorée par la gauche encore jusqu'au premier quart du XXe siècle, elle est devenue entre leurs mains plus sainte que républicaine, avant de retrouver récemment ses vertus républicaines lorsque ce parti a décidé de superposer à ses autres masques celui de l'adhésion à la République. Les autres célébrations, par la ville d'Orléans, bien que régulières et modernisées, restent circonscrites. Quant aux autres instrumentalisations, leurs effets sont éphémères, car elles ne servent encore qu'à sculpter à l'un ou à l'autre un profil de rassembleur antisystème. On est là chez d'autres, mais qui sont de purs produits du système, qui en connaissent bien les codes, les règles, les failles. Jeanne d'Arc n'est donc pas près de revenir à la maison.

Reprenons. L'entreprise de pillage s'est accélérée. Elle touche désormais des économistes ou philosophes contemporains, parfois enrôlés à leur insu comme caution intellectuelle. Elle révèle chez cette extrême droite l'indigence de sa pensée actuelle et probablement aussi une préférence pour cette délinquance spécialisée qu'est le rapt d'idées et de héros politiquement allogènes. Cet emballement pour les penseurs d'autres familles politiques et cette mainmise sur leurs sources idéologiques trahissent un véritable défaut d'attraction sur ses propres références, un manque-à-penser, une absence de crédibilité lorsque ses dirigeants se présentent tels qu'en eux-mêmes.

En clair, ce sont des copieurs. Parce qu'ils sont nus. Ils n'ont rien apporté de beau sinon parfois une belle plume de leurs idéologues du passé. Cette belle plume ou ce beau style étaient au service de cœurs secs qui se limitaient à la Terre et aux Morts. C'était là une banale préemption car le lien à la terre et le rapport aux ancêtres sont, sous des formes diverses, un invariant des communautés humaines.

Ce sont même des copieurs de méthodes car la rapine avait commencé deux ans plus tôt, initiée par un candidat qui avait glissé de la droite chiraquienne, celle du cordon sanitaire, à la droite dure et s'était tapageusement servi chez Jaurès, Blum et Guy Môquet.

Des copieurs donc, et des emprunteurs. « La France, tu l'aimes ou tu la quittes » leur vient de Ronald Reagan, alors encore fortement lesté de la culture western et d'une vision du monde aussi binaire que la guerre froide, l'invasion des îles Caraïbes tentées par le socialisme et coupables du voisinage cubain, le bombardement de représailles au Maghreb, puis l'axe du mal. Ceux qui leur empruntent, empruntent donc à des emprunteurs. Lorsqu'un slogan n'est qu'un copié-collé… Entre eux, et cela dure encore, c'est prenant-prenant.

À la fois héritiers, parvenus et resquilleurs, ces dirigeants ont fait main basse ces dernières années sur les belles valeurs républicaines, et détournent celles qui doivent garantir l'égalité et la cohésion pour les travestir en mécaniques à exclure. Le pire de l'effronterie pèse sur la laïcité. Dans leur obsession sur les prières de rue, ils font délibérément usage d'une confusion sémantique avec des moments douloureux pour la Nation, moments où leur famille politique était pourtant plus compromise avec le pouvoir collaborationniste que présente en Résistance. Il faut leur reconnaître une très grande habileté de suggestion et de combinaison de mots pour frapper les esprits en s'appuyant sur des représentations, de préférence traumatiques. Mais s'il est incontestable que les principes laïcs doivent être préservés et parfois rappelés et imposés, y compris d'ailleurs ceux du respect du libre exercice des cultes, ce n'est certainement pas chez ceux qui votent des crédits aux écoles confessionnelles et aux associations cultuelles d'une seule religion, accompagnent ou soutiennent les processions d'une seule religion, encouragent ceux qui s'enchaînent en priant aux grilles des hôpitaux pour entraver le droit à l'avortement, valorisent ceux qui, jour et nuit, munis d'une bible, piétinent devant le ministère de la Justice en confondant état civil et sacrement, participent à des débats de campagne électorale organisés par un évêque, approuvent les manœuvres de maires qui, à travers les cantines, ostracisent les habitudes alimentaires d'enfants, ne voudraient accueillir de réfugiés que d'une seule religion, ce n'est certes pas chez eux que se trouvent ni la légitimité ni le crédit pour rappeler ce qu'est la laïcité ou pour sévir. Ils n'exercent aucun magistère éthique. La dérision que pourrait susciter leur stratagème serait de se souvenir que les trois religions monothéistes sont nées au Moyen-Orient !

De même, ils confisquent les espérances sociales, s'autopromeuvent champions contre les détresses liées au chômage et au déclassement, mais fustigent les luttes syndicales. Ils n'eurent pas de mots assez durs contre la grève et les manifestations pour le droit à la retraite à soixante ans. Ni pour les conditions de travail des cheminots. Répondant au ministre de la Guerre, Gaston de Galliffet, surnommé le Massacreur de la Commune, qui, sans considération pour les morts, osa à la tribune de l'Assemblée nationale un inattendu « J'aime les ouvriers », Clemenceau claqua aussitôt une cinglante réplique : « Oui, saignants ! » Certains aiment les ouvriers « saignants », d'autres les aiment soumis, résignés, dociles aux abus, muets, tranquilles et invités à se révolter contre le système et lui seul, contre une abstraction donc, mais surtout pas contre l'ordre qui repose sur l'exploitation, les dividendes, les avantages divers et variés. D'ailleurs, cette façon d'occuper la fête des travailleurs le 1er mai et d'en faire diversion est bien révélatrice du procédé.

Évidemment, toutes leurs ruses seraient vite éventées si elles ne s'appuyaient sur une situation objectivement pourvoyeuse de difficultés et de désarroi. Ils ne parviendraient pas à attraire tant de personnes par ailleurs lucides, courageuses, ingénieuses au quotidien pour faire face à leurs problèmes et à leurs empêchements, surmonter les injustices qui les frappent et qui, pourtant, abdiquent leur discernement pour se laisser emporter dans le flot de fureur, d'envie, de rejet, d'égoïsme que leur proposent ces notables. Ils sont servis par un cocktail assez semblable à des périodes différentes. Actuellement, comme dans les années 30 et comme à la fin du XIXe siècle, et juste avec des variantes dans la forme, c'est la conjonction d'une crise économique et financière, d'un krach boursier, d'une bulle immobilière, d'un contexte international instable ou hostile, avec une paupérisation des plus vulnérables, la précarisation des travailleurs, la régression des classes moyennes, une crise politique doublée parfois d'une crise démocratique ou parlementaire, la corruption et le favoritisme, c'est cette conjonction qui fournit un environnement propice d'abord à l'inquiétude sur les lendemains, à une exaspération qui devient aveugle, puis au doute identitaire. D'autant que quelques mesures officielles, telles le franc fort de Poincaré en 1928 ou un plan de sauvetage des banques en 2008 apportent un peu de répit, donnent l'impression d'une embellie, nourrissent un espoir de retour au monde d'avant. Or, la dérégulation commerciale et financière, la déréglementation administrative pour les affaires et la surréglementation des petites formalités quotidiennes, l'imprévoyance économique, l'indifférence sociale, la complaisance envers des fraudeurs, tricheurs, combinards, évadés fiscaux et autres optimiseurs, la connivence entre pouvoirs et puissants contribuent à alimenter le « tous pourris », bonnets roses et bleus bonnets, même si ceux qui dénoncent à hauts cris sont souvent des Guillot au loup.

Ce n'est évidemment pas une préoccupation de justice sociale qui les pousse à se livrer à toutes ces acrobaties. Leur calcul consiste à se pourvoir en une base sociale que leur seule idéologie ne peut leur fournir. Déjà, sous le boulangisme, mixture incongrue de nationalisme, de patriotisme, de paranoïa et d'espionnite, Jaurès est resté lucide en le qualifiant de « mélange de socialisme dévoyé[39] », Paul Lafargue s'est laissé un temps abuser en faisant valoir, auprès de Friedrich Engels qui lui reprochait sa bienveillance, la base populaire du mouvement. Clemenceau lui-même s'y méprit un court temps, aux premières heures. C'est pour cela que leurs deux meilleurs alliés sont d'une part les mécontentements qui se généralisent, d'autre part la dépolitisation générale qui émane des infidélités que les forces politiques infligent à leurs propres idéaux et à leur histoire de luttes, de leur pusillanimité à défendre leur identité politique.

Ce n'est donc pas de la mise en cause frontale des incohérences… évidentes, des manœuvres… flagrantes, des distorsions entre le dire et le faire que peuvent advenir ni la confrontation des projets ni l'affrontement idéologique. À preuve, quoi qu'il arrive, tout gonfle leur cote et leurs rangs. Une suspicion de fraude au détriment de l'Union européenne ? Un système de contournement des règles européennes pour le bien de leur parti ? Une présomption de financement politique contraire à l'esprit de la loi ? Des procédures judiciaires sur leurs comptes de campagne ? Une affaire embrouillée de prêt bancaire russe et de relations politiques ? Un soutien incongru à une annexion impériale russe en Europe ? Des querelles familiales, dynastiques et pécuniaires sans le minimum décent ? Rien n'y fait. Ils peuvent continuer à donner des leçons de morale, pérorer sur les frontières, sacraliser un seul modèle familial, dénoncer tous les arrangements et copinages (il faut noter qu'ils épargnent le népotisme) et vilipender l'Union européenne. Faites ce que je dis, ne faites pas ce que je fais. Les sommes en jeu sont pourtant conséquentes. Cela n'empêche pas par ailleurs un focus sur la fraude au revenu de solidarité, réelle certes et avoisinant les deux cents millions d'euros, mais une grande discrétion sur la fraude fiscale qui atteint quatre-vingts milliards d'euros. Salauds de pauvres, astucieux nantis. Quoi qu'il arrive, tout est pardonné. Les protestations et incriminations sont inaudibles. Même la paresse leur profite. Jusqu'au silence qui leur est bénéfique. Ils peuvent se livrer aux mêmes débauches que les soi-disant « tous pourris », il leur suffit de faire le dos rond, de jouer les rigolards, on leur passe tout. C'est ainsi. C'est un état permanent de grâce absolue.

C'est bien sur les causes qui permettent cet essor opportuniste qu'il faut agir. Non pour dégonfler leur audience ou démasquer leur forfait. Ils ne doivent pas être notre sujet. Il faut agir sur les causes parce que la politique a pour raison d'être de s'occuper de la vie des gens. Que la gauche s'est donné pour mission d'améliorer la vie des gens, d'assurer les conditions de bien-être des gens, et parce que les temps sont durs pour les gens. Les gens pour nous, ce n'est pas un bloc informe de délaissés, de déclassés, de malheureux, auquel viendrait s'ajouter la masse hétéroclite des insatisfaits, des rouspéteurs et des grogneurs. Les gens, pour nous, ce sont ces femmes, ces enfants, ces hommes confrontés aux difficultés matérielles, qui ne comprennent pas qu'on leur parle en millions et en milliards lorsqu'ils comptent les centimes à la boulangerie, qu'ils ne mangent pas de viande ou à peine une fois par mois et du poisson moins souvent encore, qui se voient lentement perdre pied, ceux qui font quand même bonne figure ou ceux qui sombrent dans une rage dévastatrice. Les gens sont ces personnes pour qui le temps ne se scande plus qu'en mois gris et en années sèches, passe maussade, puis les enfonce dans l'étroitesse, les restrictions, les privations, voire la marginalité. Les gens : celles-ci qui ont épargné par prudence, on ne sait jamais ce que réserve l'avenir, et qui ont vu le taux d'intérêt trembler puis baisser, les faisant trembler elles-mêmes pour leurs jours sans force. Ceux-là qui ont construit un pavillon coquet et discret, fiers d'investir dans la pierre, et qui ne comprennent guère les yo-yo que font les prix de l'immobilier. Celles-ci qui ont travaillé sur la ferme toute une vie sans rémunération, ceux-là qui, au crépuscule de leur vie, ne comprennent pas qu'il reste des dettes à éponger ou qu'il faut cesser de produire en excès et d'épandre des pesticides. Ceux-là qui ont connu des temps de gloire, quand l'aristocratie ouvrière avait fait d'eux de vrais sous-chefs tandis que les leaders syndicaux avaient encore du tempérament et de l'humour, et qui, et les uns et les autres n'ont plus que les friches industrielles à contempler. Les gens… ces enfants qui grandissent dans des quartiers ou des communes où il manque presque de tout sauf la télévision qui exhibe l'abondance, le superflu et l'oisiveté, la success-story d'hommes sans qualités, l'évidence d'un monde inaccessible et goguenard. Les gens, ce sont ces jeunes filles et ces jeunes gens qui ne savent quoi faire de leur bonne santé et de leur énergie parce qu'ils ont l'impression que leurs efforts sont négligés, leurs talents confinés, leurs possibles étriqués, leurs ambitions infondées. Les gens sont aussi ceux qui ne connaissent ni difficultés matérielles ni mal-être, mais ne s'accommodent pas de la brutalité, des inégalités, des injustices, des violences de ce monde. Et pour nous, les gens ce sont encore ces jeunes à la fois lucides et enthousiastes qui pressentent, avant même de le découvrir, que l'avenir se tient pour de vrai au creux de leurs mains, dans les plis de leurs esprits, qu'il aura la force de leur force ensemble, la puissance de leur puissance conjuguée, la légèreté de leurs semelles de vent, leur visage, leur fougue et leurs malfaçons.

Ce qui fait la clairvoyance, donc la différence, c'est le respect des droits et de la dignité des gens, un réel et sincère souci du peuple. Tout le contraire de ces machinations pour manœuvrer la foule et transformer chacun en cocotte de colère. C'est par le combat politique que nous recréerons la confiance, que nous remobiliserons les capacités collectives, que nous armerons les citoyens. Et ce sont eux qui feront pièce aux démagogies bien huilées de ces ennemis intimes de la démocratie, si allergiques aux libertés dès qu'elles concernent des citoyens que, par vision tribale, ils présument profiteurs ou ennemis de la nation. Ce sont eux qui éventeront et déjoueront le manège de ces faux amis de la République quand, apaisés sur ce qui peut éclore pour eux et leurs enfants d'un quotidien et d'un avenir dont on leur aura redonné la maîtrise, ils diront de nouveau leur attachement à l'impératif et à la volonté de vivre liés et reliés en dépit de toutes sortes d'appartenances ou de singularités. Ce sont eux qui rompront le cercle juteux de la réciprocité des mépris entre les élites et le peuple, entre les gouvernés et les gouvernants.

Pour y parvenir, nous devons reprendre l'ouvrage. Nous, la Gauche. En renouant avec notre identité politique, ancrée dans les combats fondateurs sur la question sociale, la question démocratique, le projet culturel, la solidarité internationale. Autrement dit, refaire de la justice sociale la colonne vertébrale des politiques publiques ; ressaisir la question démocratique, notamment la place des citoyens dans l'expression et l'action publiques ; penser la culture dans son arborescence et ses vertus émancipatrices ; retisser les liens de solidarité internationale avec les travailleurs, les déshérités, les femmes opprimées, les enfants exploités, les croyants et les incroyants persécutés, les victimes des traites, des guerres, des misères, des catastrophes. Et assumer tout cela tête haute.

Cela suppose que nous inventions des pensées et des modes de faire modernes dans les activités sociales. Qu'il s'agisse du travail, de sa durée, sa rémunération et toutes ses conditions de faisabilité, comme les temps de formation, de congés, de conversion, l'âge de la retraite, les modalités de transfert des savoirs professionnels entre générations… Ou qu'il s'agisse des autres formes d'activité, et du lien social tel qu'il se noue dans une économie de faible croissance, de dématérialisation, de partage et de collaboration, de recyclage et de nouvelles formes de mobilité.

Cela suppose que nous allions au-delà du suffrage universel, conquis pour les hommes depuis le milieu du XIXe siècle et pour les femmes, seulement au milieu du XXe. Au-delà il faut entendre non plus seulement la consultation quinquennale du peuple à laquelle il peut rechigner à répondre, ou un référendum souvent sophistiqué dont on redoute toujours qu'il s'en serve plus pour se venger que pour choisir, mais aussi les autres voies de l'égalité civique et sociale. Nous devrons aussi appréhender sur un mode plus large et plus volontariste l'émancipation de l'individu à travers l'éducation et la raison critique, l'accès aux cultures, aux lieux, aux métiers, aux responsabilités. À chacun selon ses talents. Et assumer cela visière haute.

Cesser de se laisser intimider sur les idées de progrès, de solidarité, sur les droits de l'homme, les libertés, la sécurité… Sur les sujets régaliens, retrouver une vibrante inquiétude pour la conformité des lois à la Constitution, à l'État de droit, à notre culture démocratique. Rappeler que la sécurité ne parade pas seule. D'abord elle se décline – sécurité physique, sécurité sociale, sécurité sanitaire… – mais surtout elle est incluse dans la sûreté que doit nous assurer le contrat social, par des politiques publiques qui créent les conditions de paix publique et de paix sociale, d'une protection qui n'étouffe pas, d'une citoyenneté accomplie. Ne plus laisser instrumentaliser la laïcité. Oser penser et agir politiquement pour l'Europe, savoir encore se tenir à l'écart des pouvoirs autoritaires, redevenir le territoire symbolique des luttes pour les libertés, endosser de nouveau d'être l'humus d'espérance des damnés de la terre.

L'œuvre, en réalité, est assez facile à énoncer. Il s'agit de redéfinir le *Nous*, de reconstruire du *Nous*. Non plus du *Nous* contre *Eux*, mais du *Nous* avec *Eux*, du *Nous* en *Eux*. Accepter de voir comme *Eux* nous ressemblent et comme il est intéressant qu'ils diffèrent ; et pour ceux qui viennent de loin et en détresse, se souvenir qu'il nous est arrivé d'être *Eux*. Ne pas laisser rejouer la guerre de tous contre tous, ne pas donner prise à ceux qui s'accaparent la nation et la patrie, « les échauffés et les charlatans » dénoncés par Jean Jaurès, ardent défenseur de la République sociale. Sa mise au point éclaire autant les notions de nation et de patrie que le sens de l'action politique. « Le jour où la patrie se tournerait contre les droits de l'homme, contre la liberté et la dignité de l'être humain, elle perdrait ses titres[40]. »

C'est dire si est illégitime cette exclusivité que l'extrême droite lorgne à se réserver sur la défense de l'identité nationale prétendument menacée par mille périls et d'abord par les grandes invasions maures et animistes. À dire vrai, ce n'est pas d'aujourd'hui, car son fondateur-père s'est employé, au milieu des années 80, quand le service public audiovisuel a commencé à se brûler aux éclats sulfureux de l'extrême droite contemporaine, à marteler l'immigration comme la première grande menace pesant sur la France. De telles propagandes trouvent cependant toujours une résonance plus forte dans les périodes où les doutes sur une perte de puissance, de richesse ou de perspectives augmentent brutalement le nombre de citoyens désemparés et les rendent réceptifs à ces fumistes hâbleries. En la pétrissant dans une bouillie nationaliste hargneuse, avec l'aide zélée de chroniqueurs incultes, paresseux et matamores, et l'assistance de groupuscules et de blocs ultraminoritaires agités et bruyants, l'extrême droite dénature cette identité sans pour autant donner le change malgré la logomachie patriotique dont elle l'assaisonne. Son but : l'angoisse identitaire et la fragilité qui en découle. Georges Bernanos lui-même décriait ce nationalisme comme « déshonorant l'idée de patrie[41] ».

En d'autres périodes en effet, où domine le sentiment d'être totalement affaibli, démuni, dépossédé d'une « grandeur » passée, ces fracassantes alarmes qui visent moins une quelconque vigilance qu'une adhésion inconditionnelle ont reçu un certain écho. Ainsi, le commissaire général aux Questions juives Louis Darquier de Pellepoix déclarait : « Il ne nous reste plus rien, il ne nous reste plus de territoire, il ne nous reste plus d'armée, il ne nous reste plus de marine, il ne nous reste plus d'empire. Que nous reste-t-il, messieurs ? Il ne nous reste plus que la race[42]. » La race entendait, bien entendu, la religion, la culture, deux mille ans d'histoire, la gloire des conquêtes, la nationalité, contre… la religion, la culture, l'affairisme, le cosmopolitisme, des loyautés envers l'étranger… et autres préjugés fétides, tous ingrédients dociles à la reconversion.

C'est une constante : une vision ethnique, tribale de la nation et du monde, qui fait dénoncer à hauts cris le pseudo-communautarisme dans les banlieues, sans aucun émoi pour la désertion des services publics, la concentration des difficultés et des exclusions, l'empilement des discriminations, sans interrogation sur ces regroupements qui révèlent que si la mixité sociale avait présidé aux politiques d'urbanisme et de logement depuis des dizaines d'années, sans doute que les gens ne se retrouveraient pas si nombreux à se rassembler au même endroit. De sorte que les solidarités qui s'y développent contre les mêmes abandons, les mêmes déboires, les mêmes défiances sont disqualifiées en communautarisme, et l'opprobre jeté sur ces lieux et leurs habitants se fait de plus en plus tranchant. Le communautarisme de l'entre-soi élitaire inspire plus de clémence, les élites dénoncées étant une abstraction fluctuante selon qu'elles leur soient complaisantes ou exigeantes. Et lorsque des prêcheurs viennent se substituer à l'autorité de l'État absent, fusent encore les cris des Guillot au loup.

Leur rhétorique mécanique, facile à contrer et qui rendrait les choses simples si elles se jouaient sur leur verbiage, ne dissimule pas complètement qu'ils projettent une image justement contraire à ce que porte l'identité nationale. Ces références flatteuses au maître du Kremlin et ce consentement à sa politique de brutalité, cet orgueil national de pacotille qui n'empêche pas de mendier et de se faire humilier en allant sur l'autre rive de l'Atlantique dans l'espoir vain d'obtenir un rendez-vous avec le nouveau gourou des populistes, lui-même obsédé par les murs, au Texas et en Islande, et par le contrôle du corps des femmes… voilà bien l'illustration d'un nationalisme antinational, contraire au goût de l'indépendance, à cette superbe tirée de l'aisance dans les arts, les lettres et les sciences, à cette inclination à parler au monde, à cette émotion collective qui, comme s'en étonnait Jorge Luis Borges, peut ne pas être ignoble, à cette empathie pour les déshérités lointains, autant de marqueurs stables de l'identité nationale au nom desquels, aux heures sombres, des femmes et des hommes ont, plusieurs fois en plusieurs siècles, refusé d'obtempérer, au risque de leur liberté et de leur vie.

L'identité nationale existe par le fait collectif national, l'histoire écrite ensemble, les valeurs devenues chères devenues chair, la confiance dans l'avenir commun. Elle n'est et n'a jamais été figée, fixée diraient les philosophes et les anthropologues rigoureux. Elle ne gagne rien à croupir dans l'aigreur et le ressentiment dévoyé, elle ne grandit personne en assommant de colère plus faible que soi, elle ne s'épanouit pas à l'ombre des rancœurs.

Voilà pourquoi elle rétrécit et s'étiole dans les objurgations et les éructations des rendus furieux, qu'au contraire elle fleurit, prend des couleurs et des saveurs, resplendit à travers celles et ceux qui affrontent l'adversité en conservant leur sensibilité, en forçant leur ingéniosité, en exprimant leur générosité.

C'est là, dans l'Histoire de la France et de ses soubresauts, dans sa particulière intelligence de l'instant, son extraordinaire capacité de résilience, c'est là que se trouvent les ressources et le génie pour affronter les défis contemporains. C'est bien chez celles et ceux qui aiment tant la verticalité du courage et de la fierté, qui ont conscience d'appartenir au monde, savent que l'enracinement se consolide dans la relation, c'est là que bourgeonne sans cesse l'identité. Chez celles-ci et ceux-là qui savent que leur présence au monde ne se conçoit pas sans la présence des autres.

Il n'est guère que l'attente et la bonté
À pouvoir soutenir durablement le regard,
Même la beauté y défaut à quelque instant.
Sans doute parce que l'attente absolue,
Comme la bonté absolue,
Ne se rattachant l'une comme l'autre à rien,
L'une ne se comble de rien,
Quand l'autre ne s'épuise en rien[43].

Monchoachi

Je prétends, et j'attends bien qui voudra me contredire, qu'on ne peut vivre sans exaltation. Ni dans l'exaltation, d'ailleurs. Du moins, qu'on ne s'imagine pas fréquenter le bonheur en se glissant sous une vie étale comme une mer sans alizés. Enfin, le bonheur… disons cette chose insaisissable qui fait rire de rien en se mêlant de tout. Il n'est génération joyeuse qui ne soit traversée par l'anxiété de sa présence au monde, embrasée par ses propres impatiences, prise à contre-pied par ses raccourcis. Il n'est génération prometteuse qui ne soit curieuse des impossibles. Il n'est génération prodige qui s'accommode du monde tel qu'il lui est donné.

Le monde craque. De toutes parts ? Pas si sûr.

En 1958, Nicolás Guillén écrivait un poème que les Quilapayún ont mis en chanson quinze ans plus tard, *La Muralla* :

Pour ériger cette muraille
Viennent à moi toutes les mains
Viennent les Nègres aux mains noires
Viennent les Blancs aux blanches mains
Oui,
Pour ériger cette muraille
Allant de la plage à la cime
Allant de la cime à la plage
Là-bas, là-bas, sur l'horizon

Toc ! Toc !
Qui est là
C'est une rose et un œillet…
Ouvre la muraille !

Toc ! Toc !
Qui est là
C'est le sabre du colonel…
Ferme la muraille !

Depuis, les obsédés de murs ont proliféré. Des murs, pas des murailles. Des murs en béton et en ferraille. Des murs physiques pour étayer les barrières mentales. Des glacis de pierre pour fortifier les banquises de l'esprit. C'est la panique de ceux qui ne savent pas que les frontières sont des lieux de traversée et de rencontre. Pour se croire à l'abri ils s'en remettent à la nature, chaînes de montagnes, cours d'eau, crevasses, lisières forestières, vallées ou plateaux, et à ses succédanés, barrages ou palissades, barres ou rubans bicolores, portails coulissants, cadenas corrodés ou flambants, grilles grinçantes, barbelés oxydés, champs de mines, caméras thermiques, radars et miradors. Les frontières sont le fruit de l'Histoire des hommes et des peuples. La nature ne fait que les matérialiser, et seulement après que les hommes ont décidé par un acte, proclamation solennelle et document officiel, que là s'achève un territoire. Les frontières servent aussi à déguiser des affrontements dont les motifs, eau, minerais précieux, accès à la mer, position stratégique, arc de lancement spatial, sont autrement plus tangibles qu'une ligne de partition. Actuellement, une trentaine de conflits frontaliers sont actifs dans le monde. C'est douze pour cent de l'ensemble des frontières reconnues par les Nations unies. Ce n'est pas rien. En même temps, nous ne sommes qu'à un demi-siècle du démantèlement des empires coloniaux, dernière grande valse de frontières qui a vu le monde passer d'une soixantaine de pays à près de deux cents, sans que l'Organisation des Nations unies ne varie d'un pouce pour autant ! Que l'on ne s'y trompe pas. Et que l'on ne trouve ici aucun plaidoyer pour un monde sans frontières, sans règles, sans différences, sans identités. Seuls en rêvent les paresseux de Babel, seuls y parviennent les financiers, les spéculateurs, les évadés fiscaux, les criminels organisés, les cartels de drogues, les trafiquants de personnes, les terroristes. Ces derniers d'ailleurs s'organisent pour contourner les frontières. Les autres infiltrent les pouvoirs politiques et administratifs pour s'en faire exonérer. Les frontières ont leurs raisons d'être. Les murs, eux, sont toujours des échecs et toujours agressifs. Ils peuvent séparer les belligérants, ils n'arrêtent pas les belliqueux. Ils font rempart contre les pauvres hères. Des héros parmi eux. Qui enjambent l'Histoire et ses croche-pattes, du Texas mexicain au Sahara occidental, de la ligne Attila en Chypre à Ceuta la toujours espagnole, des murs cachemiris à ballets indo-pakistanais au mur de fièvre aphteuse du Botswana, de la Grande Muraille chinoise au mur des sables marocain, en passant par les terres trois fois bénies pour le malheur des hommes. Yitzhak Rabin rappelait avec un infini courage que le Livre sacré n'est pas un cadastre. La frontière a la vertu de signer le champ d'une langue, l'espace premier de rayonnement d'une culture, le terrain où une identité, souvent riche d'altérités épanouies ou contrariées, a pu éclore. Elle marque le lieu de l'ailleurs, de l'autre, du divers. « Comme il y a des États-nations, il y aura des nations-relation. Comme il y a eu des frontières qui séparent et distinguent, il y aura des frontières qui distinguent et relient, et qui ne distingueront que pour relier », prophétisait Édouard Glissant dans *L'Intraitable Beauté du monde*.

La frontière reste le point nodal des incapacités de ce que l'on ne nomme plus Communauté internationale que sur un ton incrédule ou courroucé. Lieu d'une impotence qui s'ancre, l'Organisation des Nations unies reste arc-boutée sur un fonctionnement qui ne correspond plus ni au monde qui l'a conçue, celui de l'après-guerre et d'avant la décolonisation, celui d'avant la construction européenne et d'après le Mur de Berlin, celui d'avant la prolifération nucléaire et la révolution numérique, ni au monde qui gronde, piaffe et tonne. Elle n'est plus guère qu'un cercle de survivances, une chambre d'écho où viennent se donner à voir et s'amplifier les influences qui enserrent les souverainetés. Par quoi ces nations sont-elles unies ? Les lobbies ont leurs entrées balisées, voire hypocritement réglementées. Ils côtoient et tutoient les détenteurs du pouvoir politique, les inspirent ou s'emparent de leurs plumes. Une dépolitisation générale et paradoxale caractérise les lieux de pouvoir. Seules les extrêmes droites se reconnaissent entre elles et se soutiennent sans vergogne, justifiant mutuellement sous les yeux du monde leurs excès et leurs provocations. Dernier duo en date : Trump-Netanyahou. Des extrêmes droites aux autoritaires, des boutiquiers de l'angoisse aux matamores, des shérifs paranoïaques aux corrompus, la scène est passablement encombrée : Erdogan-Poutine, Orban-Temer, Duterte-Park Geun Hye, Al-Assad-Nkurunziza, Mugabe-Jammeh, et quelques autres, même si Berlusconi, Ahmadinejad, Fujimori sont pour le moment refoulés derrière le rideau ou les barreaux. La foule des gouvernants plus ordinaires fait comme si la diplomatie consistait à écrêter tout désaccord politique, nier toute divergence idéologique, ignorer les effets d'actes illégaux. Alors que la diplomatie a justement pour visée la tentative de régler litiges ou conflits avant la guerre ou sans la guerre. Ce faisant, ces dirigeants invalident à la fois la référence et l'armature de ce qui est censé donner consistance à cette communauté internationale. Ils désespèrent ceux qui veulent s'en remettre à un ordre international pour endiguer les désordres régionaux.

La leçon vaut pour nous tous : il faut mettre un terme à la descente aux Enfers des illusions. « Le devenir est déterminé par la discorde[44]. » Il nous faut donc assumer l'existence de désaccords, voire d'antagonismes, admettre qu'il y a des différends non solubles, consentir au besoin à la dispute, faire que la règle soit la même pour tous, qu'elle soit intelligible, et appliquée. Les partialités et les connivences nourrissent les frustrations et justifient le recours à d'autres voies de règlement. L'espace international ne sera démocratisé que lorsqu'il constituera réellement un lieu de présentation claire des termes d'un conflit, d'arbitrage sinon satisfaisant pour tous, au moins compris par tous, en clair le lieu d'une autorité reconnue. C'est la condition incontournable d'un ordre international, sinon subsistera la loi du plus fort, du plus riche, même vivant à crédit sur le reste du monde, du plus matois, du plus madré, du plus manœuvrier. En polissant les angles au détriment des convictions de celles et ceux qui croient et œuvrent pour des sociétés égalitaires et justes, pour un monde exigeant et fraternel, cette conception de la diplomatie affaiblit la cause de la justice et du droit, institue un privilège d'impudence, octroie une prime à la morgue nationaliste, et fomente des infidélités à l'encontre de celles et ceux qui, au détriment de leur liberté, parfois de leur vie, ont parlé et agi pour la paix et la justice.

Dans cet ordonnancement négligent par calcul et nonchalant par lâcheté, les méthodes de voyous se banalisent, des exécutions extrajudiciaires au piratage informatique. Ladite communauté internationale se contente d'observer, parfois de s'indigner, exceptionnellement de morigéner un coupable abstrait, elle n'a même pas l'outrecuidance d'en prendre acte. Les forces d'interposition se gardent bien de s'interposer, celles du maintien de la paix ont surtout consigne de veiller à la paix dans leurs rangs, la couleur de leurs casques ne fait plus rêver ni ne rassure plus personne, malgré le tribut parfois de leurs vies. Les Casques blancs en Syrie ont repris le flambeau de la solidarité et du courage, mais ils sont bénévoles et auto-organisés, leurs moyens à mains nues, leur champ limité, leurs vies exposées. Quant aux processus de décision, ils obéissent à un tempo totalement délié des urgences et des enjeux, loin de la cadence des fracas et des crimes. Il n'y a plus rien à prévenir. D'ailleurs nul ne sait plus faire, quelle que soit la fébrilité des alertes. Cesser le feu est déjà une gageure. Et les victimes, mortes ou vives, piégées ou déplacées, s'additionnent et se chiffrent en millions. Au moins, dans ces bureaux-là, sait-on encore compter.

Cette dépolitisation générale est d'autant plus paradoxale que ce club de gouvernants nationaux réunis en configuration multilatérale est régulièrement pris d'assaut par les puissants du monde qui opèrent dans les milieux économiques, financiers, dans le commerce des armes et des déchets nocifs, dans celui des savoirs sensibles et lucratifs. Il arrive aussi que par stratagème légitimiste ou nécessité tactique, des parties engagées dans des guerres illégales, non déclarées officiellement, et dès lors qu'elles s'embourbent, courent après une caution et le saisissent en fanfare. Parce que tous ont besoin de règles. Car ils anticipent toujours l'hypothèse d'un plus fort. Ils veulent les règles à leur main, mais ils veulent des règles. Ou une onction. Pour durer, les abus et l'injustice ont besoin de légitimité. Comme les trafiquants de toutes sortes ont intérêt à la paix. Voilà pourquoi la dépolitisation est paradoxale : elle déserte les milieux politiques au moment même où il est démontré que la Politique demeure le lieu décisif d'élaboration des règles et de contrôle de leur exécution, soit le lieu du Pouvoir. Ce pouvoir s'exerce de droit au nom des citoyens, donc à leur service. C'est pourtant au vu et au su de tous qu'il est détourné pour obéir à des intérêts partisans sous l'influence de commis de coulisses. C'est sous ces pressions diverses que le droit de la guerre n'est plus devenu qu'un hypocrite parchemin dont l'utilité ne s'avère que lors des conférences de vainqueurs, pour y adosser des décisions arbitraires. On appelle guerre n'importe quelles exactions, pillages, rapines, massacres, viols, on brandit en dilettante la menace de la Cour pénale internationale, on promet, diversement selon les continents, les foudres de châtiments terrestres. Les témoignages de rescapés sont un rude démenti à l'existence d'un ordre ou d'une autorité transnationale, leurs mots sont le son de notre impuissance.

Pour sa part, le droit d'asile a perdu ses mobiles. Il y a quarante-cinq ans, les réfugiés étaient deux millions et demi. En 1980, ils étaient déjà onze millions. En 1993, un peu plus de dix-huit millions. En 2005, dix-neuf millions et demi. En 2016, ils sont estimés à soixante-neuf millions. Quelles excuses peut s'inventer une institution qui regarde le nombre de personnes en errance passer de deux à soixante-neuf millions, soit une multiplication par trente-cinq en un demi-siècle ? Sans qu'aient pu être affûtées les réponses destinées à celles et ceux, enfants et adultes, qui restent pris en tenaille sur leur propre territoire, on les nomme déplacés internes, et dont la grande vulnérabilité est effective et connue. Qui l'institution croit-elle tromper en rabâchant « crise des migrants », en faisant l'étonnée, en improvisant des solutions bricolées et éphémères, en faisant elle-même à haute voix le constat de son inaptitude à porter secours, à protéger, à assister, à défaut d'agir sur les causes ? Déjà, au début des années 90, le Haut-Commissariat des Nations unies pour les réfugiés s'inquiétait : « Le système traditionnel de protection est près de s'effondrer, ébranlé par l'incessante hausse du nombre de réfugiés. » Nous n'étions alors qu'au lendemain de la guerre froide qui avait tenu sous une poigne de fer et retenu derrière le rideau de fer des millions de personnes juste normalement désireuses de vivre en paix et décemment. L'instabilité croissante et chronique qui a accompagné et suivi la détente à l'Est a mis à l'épreuve les discours sur les libertés, l'égalité, le droit à la libre circulation dont on se repaissait à l'Ouest. Elle s'est ajoutée à des secousses nationalistes, des affrontements ethniques, des tensions religieuses, des Balkans au Sud asiatique, en passant par la corne de l'Afrique et le Moyen-Orient.

Depuis, les foyers se sont multipliés. Mais on n'éteint plus les feux. On ne sanctionne plus les pyromanes. On augmente à peine le corps des pompiers. Et on ne renouvelle ni les camions ni les échelles. Pendant ce temps, les vents redoublent d'intensité et de vitesse, et l'herbe est de plus en plus sèche. Le droit d'asile n'est plus la forme impérieuse et majeure de la solidarité internationale, il n'est plus l'expression de l'éthique kantienne, il ne garantit plus ce droit naturel, au sens de droit des gens, à l'assistance de la part d'autrui. Les violations signalées des droits de l'homme constituent l'un des principaux motifs et moteurs d'exodes. Pourtant, ces violations continuent de susciter indifférence et parfois complaisance vis-à-vis des gouvernements qui s'en rendent coupables. Elles continueront de prospérer, quelque diversion que procurent le droit d'ingérence ou la responsabilité d'intervenir, dont on se gargarise sans remettre en cause les postulats westphaliens.

Ce désordre n'est ni débridé ni spontané. Il relève d'un ordre encadré par les institutions de Bretton Woods tirées des enseignements de la crise de 1929, et des besoins de reconstruction après la Seconde Guerre mondiale. Celui-ci repose sur un trio sans candeur ni froideur : le Fonds monétaire international, la Banque mondiale, qui appartient au système des Nations unies, l'OMC qui a avalé le GATT. La présentation des objectifs ne laissait aucune prise. D'abord tourné vers l'Europe et l'Asie, notamment le Japon, ce trio a vite vu l'aubaine des indépendances en Afrique, puis des stabilités autoritaires aux Amériques du Sud et centrale. Lorsque survint la faillite de la Grèce, qui n'inspire plus guère l'antique vénération depuis la dictature des colonels et les privilèges ecclésiastiques exorbitants, les habitants n'étant plus qu'un décor, les programmes d'ajustement structurel étaient bien rodés. Les émeutes de la faim ne font pas des révolutions. Le sauvetage asphyxiant semble charitable. Les pauvres crèvent sans bruit. Même les moins pauvres les fuient.

Ce sont des enragés qui dérangent l'Histoire
Et qui mettent du sang sur les chiffres parfois[45]

Léo Ferré

À la fin de la guerre froide, l'ancien monde bipolaire a fait place à un monde apparu dans un premier temps comme multipolaire. C'était le même effet d'optique que précédemment. Dans les années 60 et les suivantes, on a voulu ignorer le mouvement des Non-Alignés, sa montée en puissance, et ce que sa nuée portait d'émergence de potentielles zones névralgiques. Ainsi les BRICS, Brésil, Russie, Inde, Chine, Afrique du Sud, eurent l'air de surgir de nulle part. La grande vitalité et l'ingéniosité d'une dizaine de pays africains ont semblé venir des cieux comme une colonie de criquets. Nous n'avons manifestement pas appris grand-chose de cette étourderie. Car, de même, le monde actuel n'est pas regroupé autour de plusieurs pôles. Les anciens cœurs d'empire comme la Russie développent des stratégies de recomposition de zones de rayonnement et d'influence, sur des motivations qui ne relèvent pas que de la nostalgie. Des géants isolés comme la Chine, forts d'être situés au cœur du prochain centre nerveux du monde, en zone Pacifique, dessinent un faisceau d'implantation et d'influence en Afrique et aux Amériques sans considération pour les anciens prés carrés ou les nouvelles positions rentières. Ancienne superpuissance, les États-Unis cultivent le soft power et redéfinissent leurs relations internationales selon une doctrine de coopération et de dialogue, du moins avant l'élection d'un isolationniste ignorant, sexiste, xénophobe et compulsif. Des puissances régionales comme le Nigeria ou l'Algérie tentent de contrôler des ressources financières propices à l'irruption d'une oligarchie tentaculaire avec tous ses risques en matière de probité, et de les concilier avec les missions régaliennes, incluant les moyens coercitifs d'assurer la paix publique à défaut de la justice sociale, ainsi que la cohésion territoriale. Ce monde éclaté redistribue les cartes d'alliances et de pouvoir, il est également porteur de tous les dangers.

L'Europe ne peut s'exonérer de la part qu'il lui revient d'y prendre. Elle n'est plus le continent des métropoles coloniales. Elle n'est plus cette langue de terre d'où palpite le mouvement d'un monde bien plus étendu qu'elle et sur lequel elle a régné par la force, la ruse, le bagout et des valeurs universelles qu'elle a irriguées avec un talent tout singulier, et qui se retournèrent en cheval de Troie dès qu'elle cessa d'y croire elle-même. Sa puissance impériale au-delà des mers se réduit à deux ou trois territoires insulaires dans la Caraïbe, des bouts de lagon dans l'océan Indien, des atolls dans le Pacifique, de vagues protectorats en Asie. Sa population, plutôt vieillissante, ne représentera bientôt que onze pour cent de la population mondiale et sept pour cent dans trente ans. Elle est traversée par des forces de fragmentation, dont le dernier effet en date est le Brexit et la tentation référendaire qui travaille les peuples sous la manipulation des démagogues. Mais elle est, depuis la fin de la Seconde Guerre mondiale, le continent qui a le plus intensément profilé son identité en construisant une cohésion sur la diversité des territoires, des cultures, des langues, des systèmes juridiques et judiciaires, tout en créant un espace de liberté, de justice et de sécurité, et en concevant un corpus de règles et d'obligations fondé sur les droits et les libertés fondamentales, la protection des personnes, y compris en temps de guerre, la coopération des États contre toutes les formes de criminalité.

Quelle place se dessine-t-elle dans un monde où les pays émergents, même confrontés aux grandes difficultés que connaissent le Brésil et la Chine, alliés à une dizaine de pays africains dynamiques, poussent tous et avec raison à la modernisation des instances multilatérales et des relations internationales pour les rendre plus conformes au monde actuel et à venir? L'Europe fut à la manœuvre de la première mondialisation, autour de la traite négrière, du commerce triangulaire, de l'appropriation de territoires et de ressources naturelles, mis en valeur par le travail forcé. Saura-t-elle participer à l'éclosion de la mondialité prescrite par Édouard Glissant, pour insuffler dialogue et solidarité dans ce monde préempté par ceux qui croient que toute ressource et territoire, la force de travail des hommes, des femmes, des enfants aussi, ne sont donnés que pour faire enfler leurs dividendes? Il est urgent de recommencer à penser un projet européen. Celui-ci ne peut se réduire à des critères de convergence, à une obsession du déficit *en soi*, à une fixation sur la réduction des dépenses sociales. L'idée européenne s'est évanouie dans les chiffres. Il est impératif de l'en extraire. Pour l'Europe elle-même et ses habitants. Pour le monde.

L'Europe doit devenir un espace de cohésion sociale et territoriale. Oui, sociale ! L'intérêt des citoyens et des peuples doit constamment corriger, réguler, supplanter les mécanismes du marché lorsque ceux-ci ne servent plus que des intérêts particuliers, sectoriels et abusifs. Cette nouvelle Europe qui partiellement fut déjà, au temps de Stefan Zweig et de Romain Rolland, est une nécessité pour le monde, et vue de France, un horizon.

Nous savons l'impérieuse nécessité de redonner vigueur au Pacte républicain, de raffermir le Contrat social. Il faut en avoir la volonté ferme. Leurs valeurs sont belles et elles ont résisté à tant de commotions. La société grince sous les chocs des périls nouveaux et sous les tensions parfois cyniquement alimentées par certains. Les inquiétudes sont profondes, elles sont souvent fondées, de même que la légitime exaspération de ceux qui peinent à trouver un emploi, ceux qui ne parviennent plus à lire le monde dans ses bouleversements, ceux qui doutent d'un avenir meilleur pour leurs enfants. Même les progrès peuvent paraître lents parce qu'ils ne s'inscrivent pas dans le quotidien des plus démunis ni des plus méritants. La peur et le désarroi peuvent gagner les esprits et parfois dessécher les cœurs.

Il n'existe aucune bonne raison de se compromettre. Le monde, tel qu'il va, n'est pas acceptable. L'Europe, telle qu'elle s'étiole, ne sert ni sa cause ni celle de la paix. Nous devons rendre le monde habitable. Or, les inégalités sont devenues invasives. Leurs champs se sont élargis. Ils s'étendent sous nos yeux, dans un mouvement d'ensemble qui emporte désormais le Nord après le Sud. Sous l'effet de politiques d'égalité et de solidarité, parfois de bénévolat, certaines inégalités ont reflué, rétréci. D'autres se sont creusées. De nouvelles sont survenues et se superposent aux bien connues. Même partiellement, les anciens antagonismes verticaux demeurent, entre la ville et la campagne, entre les riches et les pauvres, entre les diplômés et les non-qualifiés, entre les générations. Et persiste cette inégalité particulièrement structurante qui fend l'espèce humaine de la façon la plus discrétionnaire qui soit : entre les femmes et les hommes, sur un fait de nature. À ces antagonismes, anciens à défaut d'être classiques, se sont ajoutées de nouvelles lignes de fracture, transversales. Elles opèrent à l'intérieur des territoires. Elles éloignent les territoires entre eux. Elles séparent entre les classes d'âge, les niveaux de revenus, les origines réelles ou supposées, les croyances réelles ou imaginaires. Elles frappent si largement que, finalement, ce qui rapproche, c'est la précarité. C'est elle qui confond les uns et les autres dans une même crainte, un même dénuement, une même détresse. La grand-mère dont la pension, modeste, insuffisante, assure à peine une vie de survie, et ne permet plus d'accompagner les petits-enfants pendant les études. Le jeune homme, la jeune fille qui restent plus longtemps au domicile des parents, faute d'emploi, faute de logement. Le travailleur pauvre qui ne boucle pas le mois. Le salarié qui voit décliner le carnet de commandes de son entreprise. L'ouvrier bousculé par les rumeurs de licenciements. Le fonctionnaire qui émarge au bas de l'échelle des salaires et constate que l'État n'est plus à la portée des plus vulnérables. C'est le sans-abri, le mal-logé, l'interdit bancaire, l'abonné aux épiceries sociales, tous ces nouveaux parias des villes, ces nouveaux damnés de la terre, celles et ceux que l'on aperçoit sur le trottoir, même en marchant vite, celles et ceux qui échappent aux regards, ballottés d'un hébergement à l'autre, et dont le sens de la dérision reste l'arme ultime pour préserver leur dignité, leur refus de la défaite. Quant aux pays du Sud, les distorsions sont de plus en plus grandes entre la masse des ressources disponibles et des valeurs créées et le niveau de bien-être des habitants.

Ce sont là les conséquences des prédations et corruptions, du dumping social et fiscal pratiqués par ceux qui, sous couvert d'économie ouverte et de libre-échange, ont instauré une jungle sans frontières. Leurs sanctuaires sont les paradis fiscaux, leurs meilleurs alliés les gouvernants faibles, leurs comparses les grands officiants de la doxa des instances internationales. Ce sont ces derniers qui, drapés dans leur prétendue neutralité technique et sur le ton péremptoire du scientisme, veillent à contenir les velléités de remise en cause de cette économie de prébende. Aussi, tergiverser sur la rigueur avec laquelle il convient de combattre les paradis fiscaux, de taxer efficacement les transactions financières, de brider l'économie spéculative pour la subordonner à l'économie réelle, ce n'est pas seulement de la pusillanimité, c'est une coupable complicité. Parmi les grands bénéficiaires de cet immense désordre, de cette vaste prévarication, il y a les Fonds Vautour, ces rapaces qui ont pignon sur paradis offshore et on shore, des îles Caïmans au

Delaware. Ils fondent sur les ressources publiques de pays endettés, spéculent sur les denrées agricoles, affament les peuples, obtiennent auprès de juridictions tout à fait conventionnelles de juteux dédommagements ou le droit de confisquer les biens, les marchandises, le patrimoine des pays grugés. Et tant pis pour les peuples : comme les oiseaux, qu'ils se cachent pour mourir. D'une autre perfidie sont les machinations des marchands de jalousie, des vendeurs de rancœurs, ces camelots de passions laides qui ont méthodiquement divisé en instillant les ferments du dépit et de la convoitise, en édifiant des murs factices dressant chômeurs contre travailleurs, fonctionnaires contre salariés, enseignants contre parents, policiers contre magistrats, citadins contre ruraux, jeunes contre personnes âgées...

Cette stratégie politique d'affrontement et de défiance d'une catégorie sociale envers une autre n'est pas seulement honteuse, elle est dangereuse. Elle érode le lien social. Ce lien est déjà mis à rude épreuve. Par le chômage qui isole, disloque le sentiment d'utilité sociale, supprime nombre d'espaces où les gens se rencontraient et œuvraient ensemble. Il constitue de plus pour chacun un drame personnel et souvent familial.

Aux personnes privées d'emploi s'ajoutent celles qui ne s'en sortent pas malgré le revenu de solidarité, celles qui restent amarrées en deçà du seuil de pauvreté, celles qui sont en marge de tous les circuits, y compris d'entraide et de soutien, toutes trop nombreuses et qui, avec raison, perçoivent leur situation comme une insupportable atteinte à leur dignité, en ce siècle gorgé de richesses. Quant aux classes moyennes, elles sont taraudées par la peur du déclassement social. Malheureusement, ce déclassement est devenu vraisemblable. Les impatiences sont grandes et c'est normal. Elles le sont ici, elles le sont ailleurs.

Remettre du lien est donc une urgence. Ici et partout. L'œuvre de la puissance publique et l'action bénévole, pour indispensables qu'elles soient, ne sauraient suffire. Il nous faut, plus que tout, désirer, rêver et vouloir. D'abord vouloir être et devenir ensemble, chacune, chacun s'épanouissant par sa destinée personnelle, et cependant arrimé aux autres par un destin librement choisi commun et solidaire. C'est le contrat social qui nous retient les uns aux autres. C'est par lui que l'État garantit à tous les citoyens libertés individuelles et libertés publiques, sûreté et sécurité, outre les conditions matérielles d'une vie décente. C'est l'une de ses obligations. Sauf que plus grand monde ne sait plus guère ce que contient ce contrat social. À preuve, il n'est même pas évoqué à propos de la crise de représentation de la démocratie. Pourtant, à la base du contrat social il y a l'expression de la volonté générale. Cette volonté générale est supposée émaner de la représentation parlementaire. Elle est censée se traduire à travers le fonctionnement et l'action des institutions. Rien de moins convaincant ! C'est néanmoins entre le contrat social et le pacte républicain que se situe le chemin du sursaut. La République est indivisible, laïque, démocratique, sociale, c'est ainsi que l'énonce la Constitution française. La même qui, à l'article deux de la Déclaration des droits de l'homme et du citoyen, proclame que les droits naturels et imprescriptibles sont la liberté, la propriété, la sûreté et la résistance à l'oppression.

Que faire de ce cocktail ? Vouloir ! Être de ce tout effervescent, indivisible, même avec nos divisions. Vouloir ! Prendre appui sur le principe laïc de concorde pour reconnaître les particularités, tout en organisant la vie commune dans l'espace public et en assurant l'égalité devant la loi. Vouloir ! Qu'en dépit de nos préférences et de nos préjugés, ce soit la règle de droit qui nous gouverne. Vouloir ! Que la justice sociale demeure la finalité de l'action publique, en dépit des sirènes d'un modernisme brutal qui n'a de moderne que cette capacité à s'affranchir d'enseignements éprouvés, et constitue, pour tout le reste, la plus archaïque conception de la vie en groupe. Vouloir résolument continuer d'être liés autant par l'avenir à bâtir ensemble que par le passé et les histoires singulières. Concilier le projet commun avec les destinées individuelles. À la liberté de chacun faire correspondre la responsabilité individuelle. Entre le contrat social et le pacte républicain, entretenir la culture de la chose publique, du bien commun, le sens de l'intérêt général, la morale publique, toutes notions qui peuvent paraître à certains délicieusement surannées. Les traduire, comme dans le programme du Conseil national de la Résistance, même et surtout lorsque la vie se fait âpre, par une vision émancipatrice de l'individu, un tracé clair du projet collectif et la mise en œuvre déterminée d'en-communs qui structurent tant la vie quotidienne que les grands moments.

Alors, ayant renoué avec la confiance, nous pourrons tirer joie de nous voir et engouement pour ce que nous sommes vraiment. Une mosaïque aux reflets dansants. Le blond diaphane y côtoie le noir ébène, dans une ronde où se déploient toutes les nuances d'albâtre, d'argile et d'ivoire, de beige, brun, jaune, rose, de marron clair ou sombre, sur nos peaux mates comme le flanc d'une chamelle, cireuses comme le cuir terne des renfrognés ou sur le camaïeu de nos figures luisantes comme le miroir de Lucifer avant sa déchéance. Nos cheveux sont lisses et sages, raides et jais, crépus en grains de poivre, bouclés et facétieux, touffus ou clairsemés, nos sourcils sont parfois dépareillés. Nos silhouettes peuvent être marquées aux embruns, il arrive que les hauteurs les rendent anguleuses, et par endroits la brume du petit matin les couvre d'une rosée que les poètes d'aujourd'hui ne savent plus chanter. Des mains sèches avouent parfois l'opulence, ceux dont la vie est lisse passent trop souvent sans voir ces humbles visages où les privations esquissent de fines ravines. Nous sommes capables de toutes les fantaisies, certains croient au ciel, d'autres le pensent désert, et ceux-là qui font chanter leur langue à l'ombre de la langue tissent avec l'avenir un pacte de vitalité. Nous sommes infinis à dessiner et à sculpter, des courbes de Camille Claudel aux creux de Rodin, des grâces de Giacometti aux rondeurs de Botero, des membres étirés de Zizi

Smail aux masses denses et fermes d'Ousmane Sow. Qu'elles échappent aux aspérités des burins ou se plient aux effleurements du temps, qu'elles soient tendres ou indécises, qu'elles soient acides et rugueuses, nos silhouettes de toutes carnations et toutes conformations disent de nous à la fois l'ancrage millénaire et les traces d'une présence du monde ramenée de tant d'équipées au large. Ainsi sommes-nous.

Voilà pourquoi la République ne saurait être ni hautaine ni sereine. D'abord parce qu'il n'est pas simple de laisser s'épanouir cette floraison d'origines et d'apparences, de goûts et de méfiance, d'affinités et de perplexités, de certitudes et d'inflexibilité, d'enthousiasme et d'accablement. Ensuite, parce que la sérénité n'est pas à portée tant que perdurent les inégalités et les injustices. Qui croit que la République peut être rigide, austère ou imbue d'elle-même, inflexible et toisant les citoyens, se trompe ou trompe. Les tensions sur les libertés, si fortes en ces temps de péril, les proclamations creuses d'égalité tandis que se poursuit le florissant commerce de la cooptation, la fraternité menacée de devenir un vestige, un vieux débris d'un temps révolu, une ruine dans les décombres de l'humanisme, sont autant d'empêchements à la sérénité.

La République n'est ni mystique ni abstraite. Elle doit demeurer une incandescence pour que la démocratie parvienne à l'accomplir.

Voilà bien une lourde mais inévitable mission pour une génération qui hérite d'un monde troué d'échecs et de lâcheté. Tant de différends différés, de nœuds ajournés au lieu d'être déliés. Tant de tragédies couvées par pusillanimité. Tant de drames ayant incubé dans les simulacres de pourparlers mis en scène au siège des Nations unies ou dans des cénacles délocalisés. Tant d'initiatives ayant soulevé des ruées d'espoir avant de sombrer dans l'impasse d'un entêtement unilatéral ou d'une imprévoyance coupable. Oui, la mission est lourde mais impérative.

En même temps, quel legs ! « Leurs chants sont plus beaux que les hommes[46] », Nâzim Hikmet. Toutes ces causes et ces fantaisies, ces combats et ces bravades, cette inventivité, cette allergie aux compromissions ! Les temps n'étaient ni plus calmes ni moins menaçants. Les attentats anarchistes de la fin du XIXe siècle ont inspiré les « lois scélérates », mais des voix s'élevèrent pour rappeler les limites entre la répression de l'action et les suspicions préventives qui traquent les mots et même la pensée. Depuis, on sait que les démocraties ne savent pas revenir sur les privations de libertés qu'elles se sont aventurées à inscrire dans leur droit. Le grand soir à l'Est livre tôt ses signes de dévoiement et les lendemains déchantent. La révolution hongroise est écrasée. « Le monde est dans l'impasse », écrivait Aimé Césaire à Maurice Thorez après la dénonciation des crimes de Staline par Khrouchtchev, en octobre 1956, le lendemain de l'insurrection de Budapest, quelques jours avant l'invasion de la capitale hongroise par les forces soviétiques. Il ajoutait : « Cela ne peut signifier qu'une chose, non pas qu'il n'y a pas de route pour en sortir, mais que l'heure est venue d'abandonner toutes les vieilles routes. Celles qui ont mené à l'imposture, à la tyrannie, au crime[47]. » La Tchécoslovaquie est occupée en 1968 par les chars du pacte de Varsovie qui brisent le Printemps de Prague, Jean Ferrat chante : « Que venez-vous faire, camarades, que venez-vous faire ici ? Ce fut à cinq heures dans Prague, que le mois d'août s'obscurcit[48]. » La scission idéologique sino-russe déclenche de nouveaux emballements. L'aveuglement sur les dérives de ce que Césaire a appelé « non le socialisme mais le stalinisme » n'a pas immunisé les incroyants, et les incrédules seront légion. Le Grand Bond en avant et les Cent Fleurs enivrent l'Occident sentimental de leur parfum poétique. Les intellectuels français portent col Mao ou se déchirent, vigoureusement, les détracteurs dénonçant les « habits neufs du président Mao » étant minoritaires mais obstinés. Jacques Dutronc chante « Sept cents millions de Chinois et moi et moi et moi », qui n'a rien à voir avec la scission mais témoigne de l'époque.

Le siècle a commencé avec la photographie en couleurs des frères Lumière, la réhabilitation d'Alfred Dreyfus, l'assassinat de Jean Jaurès, le génocide des Héréros et des Namas, la révolte des Boxers, la mise en service du canal de Panama, le génocide arménien, le soulèvement des marins du cuirassé *Potemkine*. Boris Vian écrit « Le déserteur », des jeunes gens choisissent d'être objecteurs de conscience, au risque de la prison. Picasso peint *Guernica*, Pierre Mendès France clôt la colonisation en Indochine, les républicains espagnols espèrent en vain, García Lorca est exécuté. L'Afrique du Sud instaure officiellement l'apartheid, les Nations unies adoptent une résolution pour la création de deux États en Palestine, des enseignants dénoncent la torture pratiquée durant la guerre d'Algérie, Miles Davis compose la musique d'*Ascenseur pour l'échafaud*, des femmes déclarent avoir avorté, le peuple cubain est mis à l'eau et au pain sec et riposte comme Hugo pratiquait l'art d'être grand-père. Le commerce de l'ivoire est interdit et un musée des Arts premiers s'ouvre à Paris. L'Holocauste foudroie nos consciences. Emmett Till, adolescent, est supplicié, assassiné et jeté dans le Tallahatchie par vingt gaillards blancs, Martin Luther King est assassiné sans être torturé après avoir été harcelé et calomnié, Malcolm X assassiné après avoir été menacé, Huey P. Newton incarcéré, George Jackson assassiné sans sommation, Angela Davis acquittée après avoir frôlé la peine capitale, Shirley Chisholm est candidate à l'investiture démocrate pour l'élection présidentielle, la révolte des Mau Mau gronde, ils seront bientôt massacrés. Coco Chanel lance son parfum N° 5 et son Eau première sera pour le siècle suivant. De la Harlem Renaissance, « *I, too, sing America. I am the darker brother*[49] » à la Négritude, la « langue saburrale ignore que le désespoir est mort à l'aube[50] », s'installe une fraternité triangulaire. Lumumba est assassiné, Kennedy aussi, Cabral aussi, Bishop et Sankara aussi, Oum Kalsoum chante à Paris et à Londres, Niemeyer invente Brasilia, et dans le film *Miracle à Milan*, les gens se parlent. Le siècle écoulé fut traversé par le dadaïsme auquel on peut reprocher le goût du mauvais goût mais il pouvait avoir le sens du contrechamp. Le surréalisme offre des images inégales à côté d'une incontestable créativité dans les mots et le renversement des idées, et expose sans mesure des ego démesurés et des querelles olympiennes. Alphonse Allais se défoule, Juliette Gréco chante Sartre et Prévert, c'est bientôt la fin de Paul Lafargue mais son *Droit à la paresse* est moins farfelu qu'il y paraît. Mohamed Ali retrouve son titre et conserve son bagout, la Pataphysique renaît, se socialise et de brillants esprits font vivre l'Oulipo. Rigoberta Menchú Tum séduit et énerve, comme le sous-commandant Marcos, Youri Gagarine se promène dans l'espace et voit la terre bleue comme une orange. C'est le siècle de Queneau et de ses pauvres *Cent mille milliards de poèmes*, celui manqué de Rosa Luxemburg, à parts égales de Marie Curie, celui de Rosa Parks, d'Amelia Earhart, de Maria Callas. Mehdi Ben Barka est enlevé au cœur de Paris sans laisser de traces et la Tricontinentale se fait morne à La Havane. Miriam Makeba chante, Maya Angelou écrit, chacune paria chez elle. On descend dans les rues pour faire les marioles ou dresser des barricades, mais aussi pour exiger la suppression des juridictions et procédures d'exception, réclamer la libération de la parole et des radios, la suppression de la peine de mort, la régularisation des travailleurs étrangers, Olympe de Gouges au Panthéon, l'amour libre et des salaires décents. Ciudad Juárez est un cauchemar. Le Mur de Berlin séparait les pacifistes à l'Ouest et les missiles à l'Est, il s'effrite. C'est un siècle où, malgré les guerres, les tragédies, les malheurs, les pressions, les oukases, les capons, les cupides et les rentiers, l'on ose être contre la bombe atomique et contre la peine capitale, pour la solidarité et les grands concerts, contre les bagnes pour enfants et les sévices aux vieillards, l'on rit franchement des *Tontons flingueurs*, on réfléchit, on débat, on fait même le coup de poing, on soutient Sacco et Vanzetti. Mille autres causes font rêver, les bébés phoques, les moines sexistes du Tibet, les îles Clipperton et Pukapuka, les manuscrits en sanscrit, le Saint Suaire, l'Antarctique, les langues menacées, la vie sur Mars. Le bateau relie les continents plus souvent que l'avion et il s'y passe autant de choses que dans un roman de Leonardo Padura.

Le siècle nouveau s'est initié aux tours de Manhattan après l'assassinat du commandant Massoud. Depuis, le monde se fendille, implose et gronde. Inutile de rejouer

Les Derniers Jours de Pompéi. Ou de contempler le désastre. Ou de croire la tâche impossible. Sinon, qui prendra en charge les causes qui languissent de nouvelles ardeurs ? Ces enfants jetés sur des routes et qui ont nos visages. Ces femmes réduites à leurs ventres par des théocrates. Ces poètes emprisonnés, ces chanteurs embuscadés, ces garçons dans les mines, ces filles prostituées, ces vieux qui finissent une vie de labeur dans les rues froides de nos villes, ces pauvres qui n'ont plus d'emprise que sur les plus pauvres, ces ouvriers pressurés, ces jeunes interdits d'avenir, ces paysans surendettés, ces colonisations assumées, ces minorités pourchassées, ces croyants martyrisés, ces incroyants persécutés, ces dissidents tyrannisés, tous ces différents différenciés et ces îles menacées par les eaux ?

Ces causes et d'autres hurlent d'impatience. Elles nous convoquent au titre de la dignité humaine, inaliénable. Elles nous enjoignent de signer par l'action cette conviction simple et intemporelle : nous sommes égaux, et ce que font les hommes, ce sont les hommes qui le défont.

Voilà pourquoi on ne peut vivre sans exaltation.

« …l'homme ne sait jamais pour qui il souffre et espère. Il souffre et il espère et il travaille pour des gens qu'il ne connaîtra jamais… Mais la grandeur de l'homme consiste précisément à vouloir améliorer le monde, à s'imposer des tâches… Voilà pourquoi, écrasé par la douleur et les tâches, beau dans sa misère, capable d'amour au milieu des malheurs, l'homme seul peut trouver sa grandeur, sa plus haute mesure dans le Royaume de ce monde[51]. » Selon Alejo Carpentier.

L'homme ne fait pas que souffrir et espérer. « *We are not alone* », conclut Michèle Lalonde dans son puissant poème, « Speak white ».

S'il existe une expression primordiale de l'égalité, c'est que nul ne peut, plus que qui d'autre, faire le monde à son idée ou à son image, et nous l'imposer.

Nous habitons la Terre.

Notes

1. Alexandre Pouchkine, « Les Tsiganes », dans *Œuvres poétiques*, t. 1, E. Etkind dir., L'Âge d'Homme, 1988.

2. Amin Maalouf, *Les Identités meurtrières*, Grasset, 1998.

3. Eschyle, *Fragments*, ve s. avant J.-C.

4. Mahmoud Darwich, « Le dernier discours de l'homme rouge », dans *Au dernier soir sur cette terre*, trad. E. Sanbar, Actes Sud, 1994.

5. Abdellatif Laâbi, « Le soleil se meurt », *L'Arbre à poèmes*, NRF, coll. « Poésie Gallimard », 2016.

6. Héraclite, dans : « Le mythe d'Antigone. Signification », par M.-A. Bernolle, La Page des Lettres, www.lettres.ac-versailles.fr

7. Nicolás Guillén, dans *Le Grand Zoo*, trad. R. Depestre, Seghers, 1967.

8. André Malraux, *Psychologie de l'art. La création artistique*, Skira, 1948.

9. Léon Blum, allocution devant la Chambre, 6 juin 1936.

10. Wifredo Lam, dans *Sobre Wifredo Lam*, La Havane, 1986.

11. Louis Antoine de Saint-Just, *Rapport sur les personnes incarcérées*, 8 ventôse an II – 26 février 1794.

12. William Shakespeare, *Le Roi Henri IV*, trad. F. Sauvage, Théâtre, Les Belles Lettres, 1961 [1597].

13. Blaise Pascal, *Pensées*, Le Livre de Poche, coll. « Classiques de poche », 2000 [1669], fragment n° 214.

14. Nina Simone, « Backlash Blues », *Sings the Blues*, 1967, d'après un poème de Langston Hughes.

15. Langston Hughes, « Harlem », dans *Montage of a Dream Deferred*, Holt, 1951.

16. Wilhelm von Humboldt, *Introduction à l'œuvre sur le kavi, et autres essais*, trad. P. Caussat, Le Seuil, 1974.

17. Simone Weil, *L'Enracinement*, Flammarion, coll. « Champs classiques », 2014 [1949].

18. Aimé Césaire, *Discours sur le colonialisme*, Présence africaine, 2004 [1950].

19. Bertolt Brecht, « Le rétablissement de la vérité », dans *Écrits sur la politique et la société*, trad. P. Dehem et Ph. Ivernel, L'Arche, 1997 [1934].

20. Daniel Pennac, *Eux, c'est nous*, ouvrage collectif, Gallimard Jeunesse/Cimade, 2015.

21. Laurent Gaudé, dans *Pourquoi les migrants ?*, É. Fottorino dir., Philippe Rey/Le 1, coll. « Les 1ndispensables », 2016.

22. Wilhelm von Humboldt, *Introduction à l'œuvre sur le kavi, et autres essais*, trad. P. Caussat, Le Seuil, 1974.

23. Max Weber, *L'Éthique protestante et l'Esprit du capitalisme*, trad. J.-P. Grossein, Gallimard, 2003 [1904-1905].

24. Nina Simone, « I Want a Little Sugar in my Bowl », *It is Finished*, 1974.

25. Antonio Machado, dans *Champs de Castille*, trad. S. Léger et B. Sesé, Gallimard, coll. « Poésie », 1981 [1912].

26. Jean Ferrat, « Les Poètes », *Ferrat chante Aragon*, 1971.

27. Albert Camus, *L'Homme révolté*, Gallimard, coll. « Folio essais », 1951.

28. Emmanuel Kant, *Qu'est-ce que les Lumières ?*, Hatier, 2015 [1784].

29. Aristide Briand, Chambre des députés, 6 avril 1905.

30. Nicolas de Condorcet, *Cinq mémoires sur l'instruction publique*, GF-Flammarion, 1994 [1791-1792].

31. Billie Holiday, *God Bless the Child*, 1939.

32. Fernando Pessoa [Alberto Caeiro], *Poèmes païens*, trad. M. Chandeigne et al., Bourgois, 1989 [1946].

33. Ludwig Feuerbach, *L'Essence du christianisme*, trad. J.-P. Grossein, Gallimard, 1992 [1841].

34. Emmanuel Levinas, *Éthique et infini*, Le Livre de Poche, 2014 [1982].

35. Dans la chanson intitulée: « I Wish I Knew How It Would Feel To Be Free », *Silk & Soul*, 1967.

36. Maurice Barrès, *L'Appel au soldat*, Bibliothèque Charpentier, Fasquelle, 1900.

37. Pierre Drieu la Rochelle, *Notes pour comprendre le siècle*, Gallimard, 1941.

38. L'idéologie officielle du régime de Vichy. Robert Brasillach, *Notre avant-guerre*, Le Livre de Poche, 1992 [1941].

39. Jean Jaurès, « L'idéal de justice », *La Dépêche*, 3 novembre 1889.

40. Jean Jaurès, « Socialisme et liberté », *La Revue de Paris*, 1898.

41. Cité dans le *Bulletin de la société des amis de Georges Bernanos*, septembre-décembre 1962.

42. Louis Darquier de Pellepoix, inauguration de l'Institut d'anthropo-sociologie, décembre 1942.

43. Monchoachi, « Regarder », *Partition noire et bleue (Lémistè 2)*, Obsidiane, 2015.

44. Héraclite, dans « Le mythe d'Antigone. Signification », par M.-A. Bernolle, La Page des Lettres, www.lettres.ac-versailles.fr

45. Léo Ferré, « Madame la misère », *L'Été 68*, 1969.

46. Nâzim Hikmet, « Le chant des hommes », dans *Il neige dans la nuit*, trad. M. Andaç et G. Dino, NRF, coll. « Poésie Gallimard », 1999 [1960].

47. Aimé Césaire, *Lettre à Maurice Thorez*, Présence africaine, 1956.

48. *Ibid.*

49. Langston Hughes, *The Collected Poems of Langston Hughes*, Vintage Books, 2004.

50. Léon-Gontran Damas, « Il n'est point de désespoir », *Pigments*, Guy Lévis Mano, 1937 ; Présence africaine, 1962 ; et *Névralgies*, Présence africaine, 1966.

51. Alejo Carpentier, *Le Royaume de ce monde*, trad. R. Durand, Gallimard, coll. « Folio », 1980 [1949].

DU MÊME AUTEUR

Une campagne de folie
Comment j'en suis arrivée là
(entretien avec Élizabeth Drévillon)
First Éditions, 2002

Rendez-vous avec la République
La Découverte, 2007

Égalité pour les exclus
La politique face à l'histoire et à la mémoire coloniale
Temps présent, 2009

Mes météores
Combats politiques au long cours
Flammarion, 2012
et « Jai lu », n° 10894

Paroles de liberté
Flammarion, 2014

L'esclavage raconté à ma fille
Philippe Rey, 2015
et « Points », n° P4322

Murmures à la jeunesse
Philippe Rey, 2016

Baroque sarabande
Philippe Rey, 2018
et « Points », n° P5033

Nuit d'épine
Plon, 2019

RÉALISATION : NORD COMPO À VILLENEUVE-D'ASCQ
IMPRESSION : CPI FRANCE
DÉPÔT LÉGAL : MARS 2020. N° 145508 (3037449)
IMPRIMÉ EN FRANCE

Éditions Points

DERNIERS TITRES PARUS

P5105. Le Pleurnichard, *Jean-Claude Grumberg*
P5106. Midi, *Cloé Korman*
P5107. Une douce lueur de malveillance, *Dan Chaon*
P5108. Manifesto, *Léonor de Récondo*
P5109. L'Été des charognes, *Simon Johannin*
P5110. Les Enténébrés, *Sarah Chiche*
P5111. La Vie lente, *Abdellah Taïa*
P5112. Les grandes villes n'existent pas, *Cécile Coulon*
P5113. Des vies possibles, *Charif Majdalani*
P5114. Le Mangeur de livres, *Stéphane Malandrin*
P5115. West, *Carys Davies*
P5116. Le Syndrome du varan, *Justine Niogret*
P5117. Le Plongeur, *Stéphane Larue*
P5118. Hunger, *Roxane Gay*
P5119. Dégager l'écoute, *Raymond Depardon et Claudine Nougaret*
P5120. Comment j'ai arrêté de manger les animaux *Hugo Clément*
P5121. Anagrammes. Pour sourire et rêver, *Jacques Perry-Salkow*
P5122. Les Spaghettis de Baudelaire. 50 conseils pour briller en cours de lettres, *Thierry Maugenest*
P5123. Tout autre nom, *Craig Johnson*
P5124. Requiem, *Tony Cavanaugh*
P5125. Ce que savait la nuit, *Arnaldur Indridason*
P5126. Scalp, *Cyril Herry*
P5127. Haine pour haine, *Eva Dolan*
P5128. Trois Jours, *Petros Markaris*
P5129. Quand notre cœur s'ouvre à la spiritualité *Caroline Coldefy*
P5130. Les Invisibles, *Antoine Albertini*
P5131. Le Fil de nos vies brisées, *Cécile Hennion*
P5132. D'os et de lumière, *Mike McCormack*
P5133. Le Nouveau, *Tracy Chevalier*
P5134. Comment j'ai vidé la maison de mes parents. Une trilogie familiale, *Lydia Flem*
P5135. Le Grand Cahier. Une trilogie, *Agota Kristof*
P5136. Roland Furieux, tome 1, *L'Arioste*
P5137. Roland Furieux, tome 2, *L'Arioste*
P5138. Frères sorcières, *Antoine Volodine*
P5139. Mes biens chères soeurs, *Cloé Delaume*
P5140. Vivre ensemble, *Émilie Frèche*
P5141. Voyou, *Itamar Orlev*

P5142. L'Abattoir de verre, *John Maxwell Coetzee*
P5143. Kiosque, *Jean Rouaud*
P5144. État de nature, *Jean-Baptiste Froment*
P5145. Le Petit Paradis, *Joyce Carol Oates*
P5146. Trahison, *Joyce Carol Oates*
P5147. Marcher jusqu'au soir, *Lydie Salvayre*
P5148. Et j'abattrai l'arrogance des tyrans
Marie-Fleur Albecker
P5149. Projet Starpoint, tome 1, La Fille aux cheveux rouges
Marie-Lorna Vaconsin
P5150. Que le diable m'emporte, *Marie MacLane*
P5151. Ombres sur la Tamise, *Michael Ondaatje*
P5152. Pourquoi je déteste les enfants, *Robert Benchley*
P5153. Dans le faisceau des vivants, *Valérie Zenatti*
P5154. L'Oiseau Parker dans la nuit, *Yannick Lahens*
P5155. Formulaires, *Mohammed Dib*
P5156. La Faille du temps, *Jeanette Winterson*
P5157. Nous habitons la Terre, *Christiane Taubira*
P5158. Edgar Morin : l'indiscipliné, *Emmanuel Lemieux*
P5159. Set the Boy Free, *Johnny Marr*
P5160. Le Magot. Fourniret et le gang des Postiches : mortelle rencontre, *Patricia Tourancheau*
P5161. La Nuit du revolver, *David Carr*
P6162. Omar et Greg, *François Beaune*
P5163. Honorer la fureur, *Rodolphe Barry*
P5164. Les Minots, *Romain Capdepon*
P5165. Aux confins de l'Eldorado. La Boudeuse en Amazonie
Gérard Chaliand
P5166. Vivre libre, *Henry de Monfreid*
P5167. Diskø, *Mo Malø*
P5168. Sombre avec moi, *Chris Brookmyre*
P5169. Les Infidèles, *Dominique Sylvain*
P5170. L'Agent du chaos, *Giancarlo De Cataldo*
P5171. Le Goût de la viande, *Gildas Guyot*
P5172. Les Effarés, *Hervé Le Corre*
P5173. J'ai vendu mon âme en bitcoins, *Jake Adelstein*
P5174. La Dame de Reykjavik, *Ragnar Jónasson*
P5175. La Mort du Khazar rouge, *Shlomo Sand*
P5176. Le Blues du chat, *Sophie Chabanel*
P5177. Les Mains vides, *Valerio Varesi*
P5178. La Cage, *Lilja Sigurðardóttir*
P5179. Éthique du samouraï moderne. Petit manuel de combat pour temps de désarroi, *Patrice Franceschi*
P5180. Maître du Oui, *Svâmi Prajñânpad*
P5181. Wabi Sabi. L'art d'accepter l'imperfection
Tomás Navarro